道家内丹丹法要义

中华传统内丹养生法诀解读

孔德 著

CCTP
中央编译出版社
Central Compilation & Translation Press

图书在版编目 (CIP) 数据

道家内丹丹法要义 / 孔德著 . —北京 ：中央编译出版社，2014.8
ISBN 978-7-5117-2034-4

I. ①道… II. ①孔… III. ①内丹－研究 IV. ① B95

中国版本图书馆 CIP 数据核字 (2014) 第 016219 号

道家内丹丹法要义

出 版 人：刘明清
出版统筹：董 巍
责任编辑：董 巍
责任印制：尹 珺
出版发行：中央编译出版社
地 址：北京西城区车公庄大街乙 5 号鸿儒大厦 B 座 (100044)
电 话：(010) 52612345（总编室） (010) 52612363（编辑室）
(010) 52612316（发行部） (010) 52612315（网络销售）
(010) 52612346（馆配部） (010) 66509618（读者服务部）
传 真：(010) 66515838
经 销：全国新华书店
印 刷：北京龙跃印务有限公司
开 本：787 毫米 ×1092 毫米 1/16
字 数：226 千字
印 张：19
版 次：2014 年 8 月第 1 版第 1 次印刷
定 价：39.80 元

网 址：www.cctphome.com 邮 箱：cctp@cctphome.com
新浪微博：@ 中央编译出版社 微 信：中央编译出版社（ID：cctphome）
淘宝网店：编译出版社书店（http://shop108367160.taobao.com/）

本社常年法律顾问：北京市吴栾赵阎律师事务所律师 闫军 梁勤
凡有印装质量问题，本社负责调换。电话：010-66509618

本书作者孔德练功图

孔德仙学纲领

以天人合一的大道哲学为信仰

以广采博收的真理通融为胸怀

以唯象唯存的客观态度为前提

以灵通活变的自主精神为动力

以积极乐观的社会责任为进阶

以文明道德的思想情操为素养

以性命双修的自身实践为证验

以文武动静的综合修炼为方法

以人己共渡的操持举动为品德

以长生久视的生命永存为目标

以人类身心的全面升华为理想

说明：该纲领是孔德先生在当年仙学巨子陈撄宁先生“仙学箴言”的基础上提出的。

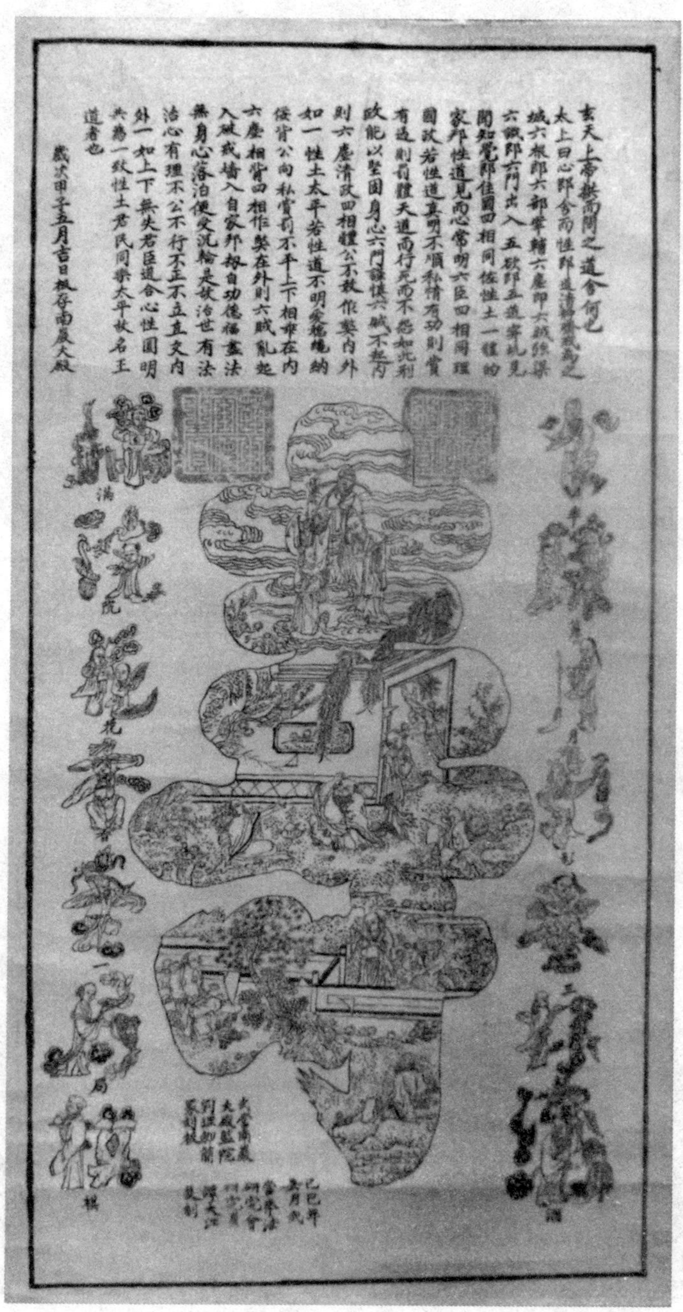

武当玄机心法图

2004 年孔德先生（左三）受邀出席韩国太极拳研讨会

2008 年孔德在德国传授静功养生

2010 年孔德在重庆大学国学班授课与学员合影

2011 年孔德在武当为中山大学国学班成员讲课

前　言

在中华传统养生学宝库之中，内丹养生学是一颗最为璀璨的明珠。其他任何一种养生方式和方法，都不可能像内丹养生学那样，对于生命奥秘的探索和实践，进行得那么认真、那么务实、那么深入、那么广泛、那么辩证、那么高端、那么有效、那么历史悠久。从而形成了那么广博的内丹养生哲学，那么睿智的内丹养生方法，那么精绝的内丹养生窍诀。甚至可以从某种意义上讲，一部内丹养生学可以把“修身，齐家，治国，平天下”的全部内涵包罗其中。

当然，内丹养生学归根到底还在于养生，不过，往大了说它可关乎人类的整体养生，往小了讲才关乎一己之养生，故其学问大矣。

天下学问之多，不可胜计，唯独内丹养生这门学问不同其他学问，眼可以观，耳可以听，手可以指，这门学问偏偏做在心上，做在脑中，做在五脏、做在六腑、做在肌肤、做在骨髓、做在细胞、做在经络里面，既摸不着，又看不到，但却对生命实实在在起作用：可开智，可明慧，可积德；可祛病，可消灾，可延寿；甚而可长生久视，与天地共长久，与日月俱光辉。可见其学问既玄哉，且妙哉！

内丹养生的学问可归纳为两大方面，一谓之理，二谓之法。理者，道也，体也；法者，用也，效也。

天下万事万物，无非一道，无非一理，故理一也，故理可普传也。而法者，鉴于人有上智下愚之别，男女老少之分，强弱康病之差，地域日时之变，所以法诀，尤其是入门法诀，既是因人施教的，又是灵活变通的。

孔子有弟子曾云："夫子之文章，可得而闻也；夫子之言性与天道，不可得而闻也！"那是说，孔老先生讲道理的文章天下人都可以读得到，但孔老先生所讲性与天道的修炼内涵，人们却难以知道。为什么会这样呢？这在于，天道与性命之理亘古不变，所以可从哲学上予以讲述。又因它是普遍真理，故可以公开。而性命的修炼因为不同人的不同心性功德，条件复杂不一，所要采取的技术手段就要因人施教，因材施教，故而难以用统一的标准技术公开传授。这就像中医治病，医理病理是宏观的学问，可以普传。但治病时，虽系同一病症，却因病患者年龄、性别、体质、发病史、病情轻重短长等情况不同，就需采取不同的医治方法。这既有共性又有个性的方法便成为了因人施教、因材施教的法诀。

内丹法诀是历代先师们在内丹修炼实践中总结出来的经验共识结晶，它可以指导后学者沿着正确的内丹修炼途径便捷地向前走去。但是，由于人与人个体之间的复杂差异，和生命奥秘探索理论的未尽性，任何的先验都不能完全代替每一个后学者修炼实践中的所有体验，哪怕这情况仅是千分之一万分之一。所以，每一位在内丹修炼实践中有着显著收获的人，他一定会在内丹修炼实践中，灵活变通地找出某些解决自己问题的诀窍和方法。这些诀窍和方法又会丰富整体的内丹养生法诀，为内丹养生学的完善做出贡献。

敝人从事内丹养生修炼实践三十余年，获益之多不可尽言，而最大的感受就是，因为有了历代先师们的内丹法诀真言，才使得自己一路顺风走了过来；而在自己三十余年内丹养生修炼实践中，也获得了一些与历代先师们所不同的体悟感受，和对他们的法诀有了更进一步的阐释，从而在这些年为前辈先师的丹经翻译讲解时，在指导后学者的内丹养生实践中，都获得了一致的好评和赞誉。敝人将此书定为“真言”的用意在于，“真言”者，由真实体悟所出，无虚言，无诳语，可供人们去验证，去辨伪。

本书分为“穷理悟道”、“尽性炼己”、“天人一贯”、“内丹复命”、“隐语明说”五个篇章进行阐述，意在让读者对内丹养生的内涵认识得更清晰一些。

我希望这本书对热爱内丹养生的读者们起到一定的入门引路的参考作用，或对千百年的内丹养生学有一点增益。果如所愿，就不负出版发行界志士仁人们的一番辛劳了。

孔　德

2012 年 12 月于蛰龙居

目　录

一、穷理悟道篇

二、尽性炼己篇

三、天人一贯篇

四、内丹复命篇

五、隐语明说篇

附：丹经譬喻

穷理悟道篇

道根道缘

张三丰说，古仙家论“龙虎铅汞抽添”，需要后世有根有缘。这个“后世”指的就是后代的学道者。“有根有缘”指的就是有道根、道缘。

道根亦称根器，具有先天表征。这个先天表征，一是对修道特别感兴趣，好像他本来就应该是一个修道之人，一见如故；二是特别聪颖敏慧，对大道之理一点即通，心领神会。不像有些榆木疙瘩脑壳，千敲万击，死不开窍。道缘，也就是访道、问道、学道的机缘。这种机缘，既有客观的，也有主观的，两者缺一不可。如果没有主观的道根作为主要条件，往往不能辨别道之真伪，即使真道现前也容易被当面错过，或也往往为伪道所骗而难加省察。只有具有道根道缘，才能消受得了“龙虎铅汞抽添”的系统工程，修炼大法。

能修炼成神仙的，必是具有神仙资格的。但具备神仙的资格并非是成了神仙以后的事，而都是通过人主观努力所具备的。从这个意义上说，神仙也都是凡人做成的。你就是具有道根道缘，在没成道之前，你也还是个凡人。张三丰说：“偏曰凡人亦可做神仙”一语，就具有积极的社会意义。他鼓励人们，只要真心向道，坚心修道，修成神仙的可能都是存在的。何况，即使你修不成神仙，能够修得疾除病祛，延年益寿，那不也是一件很好的事么！怕只怕学道之人不能明白金丹大道的真理，不懂“龙虎铅汞抽添”的修炼大法，忙了又忙，累了又累，未能得其真谛，到头来还是和芸芸众生一样，身心不能发生超质变化，仍然参与物质再演化的“六道轮回”过程之中。这辈子做人，说不定下辈子你的肉体又演化成了兽类。在这世界上，天堂不在空中，地狱不在地下，它们是一种生命的生存层次。自得其乐的人就生活在天堂里，自寻烦恼的人就生活在地狱里。

道理可以顿悟　功夫却靠渐进

练功由不知理到知理，由不懂法到懂法，需有一个循序渐进的过渡。就说打坐，心、形、息调整不好，确实坐的时间越长越不好受。当分析出其中错误的原因后，加以改正，也不能马上就变得能坐很久。因为，整体全面的要领方法，并不是一次改正就能完成，而需要逐步解决。再者，形体的气血流畅，对于经络脉穴不通者，有一个渐渐疏通的过程，也并非心、息、形调整得很好，在初步功中就能进入身心虚涵的佳境。总之，道理可以顿悟，功夫却靠渐进。能顿悟者少走弯路，功夫进步快，反之则进步慢，或者不得进步。

丹道修炼首要破执

丹道修炼，从认识真理上就首先要破除执著。真理是绝对的，而真理的绝对就在于它不绝对。如果我们把有为与无为片面地理解、片面地强调、片面地坚持，那就会从一个极端落入另一个极端，有时甚至看似他坚持着无为，实际却走向了另一种形式的执著——即对无为的有为执著，这样导致不良后果就自不待言。

立志不懈

内丹修炼的成功，是从零基础上一气呵成的。它不比办其他别的事，有空了办一办，没有空就放下。古人对此常举有三个例子：一是造饭，不能中途断水断火；二是冶炼钢铁，没有升起炉子可以停火的；三是打仗，要打就一次性把敌人打败，而不能战几回合就收兵，反复地去和敌人战斗。内丹术也如此，它如果在中途停止或间断，就会将功夫退废至零。因为其中最关键的是信念，信念的颓废，必然导致私欲杂念的卷土重来。这不仅将造成今后再树信心的极度困难和几乎不可能，也将使已获得的一些命功效益再度付之东流。

修道一事，虽非负重压肩，顶风冒雪，但也是要甘愿淡泊、耐得寂寞、守得清静、坐得长久，而后方有成功之日。若不能树立大志，私欲难除，声色难避，清静难持，坐难长久，莫说尝不到大药味，纵小药之果也难以摘取。

实修实证不尚空谈

在当今，笔者看到不少这样的情况，有些老师，理论水平确是高超，谈起大道可谓令人折服（甚至有些不练功的人，他只要多看了些古代丹经、现代丹功科学理论，也能够撰丹功文章，发表丹功高论，足以让你深信他必是大师级人物不行），然而你若经常接触他，并以他讲的大道理论来同他修炼实践中的行为一一对号，你准给他打不及格。这倒不是说他没有功夫或没有一点功夫，而是他修炼的功夫实际上是残缺不健全的功夫。丹功师和丹功养生家应该比通常任何人都更心平气和，而他动不动就骂学生，非但骂学生，可能连他老婆孩子都骂；丹功师和丹功养生家对处理事情应该有原则地不计较，而他可能事事计较，一分钱也不让；又可能流于事事好坏均不计较的好好先生；他又可能只在规定练功的时间内练功，而不把日常点滴行为当做功夫练；或者先设计出一个修道真理模式框架来，把符合这模式框架的前人、今人的东西装进来，称其为正法，而将这模式框架不能容纳的视为旁门……如此等等，何能谈得上真修道？

清代内丹修炼大家黄元吉曾讲到，修道之人，一生如在破漏的船上坐，如在枯朽的桥上行。可见这与日常生活联系多么紧密，实修实证又是多么具体细微！能不让那些空谈玄理之人羞愧汗颜么！即笔者写此也战战兢兢，大有半面窘容的哩！

“师”与“门”

有人入旁门，但教师却是有德人，虽然跟老师学不到上道，却能积累功德。有人入的虽是正门，或因教师不正，或因自己心术不正，落的下场仍是旁门。

可见，门入错了不打紧，心立错了毁终身。

正门旁门辨

试观近些年，也有以正统法门自居的大师们，竭力批判旁门左道，其欲高举大道正义真理的旗帜当无可指责。但看他们那以修炼出什么元音、元光、元气、金光、紫光等等什么，便以为大道真谛，可知离道甚远，不足称为大道。平心而论，这些门派的修炼法路子还算正的，但他们仅可以作为大道进阶的某种层次级别，若以为果是大道底蕴真神，那就是误己误人。

论左道与旁门

公允而论，大道修炼之法虽是性命真谛，却实难以普及。人类本是有贤我层次之分的，生活也有多元化的追求，这都不能一刀切的。所谓的左道旁门，之所以也能千古不灭，说明他们的方式也顺应、适应了一些人的需要。养生方式虽有优劣不等，但有养生追求总比无养生追求要好。所以我的看法是：自己坚持大道修炼，自己宣扬大道好处，但不必过分指责他种养生方式。而要批判的只能是那些假冒伪劣和挂羊头卖狗肉欺骗人的假功假法。

大道与旁门左道

奉行大道的人，会指责旁门左道。但他所指责的旁门左道，与张三丰在《大道论》中所指的旁门左道有不尽然之处。人类这个大群体中，对于生命价值观的取向是存在多元形态的。所以，生命价值观的多元化取向也就该是合理的。我们希望人人都修仙，都成仙，这实在太好不过，但实际上它不可能。例如人人都想上学学文化，但有人读完小学就学不进去了，有人读完中学就学不进去了，上大学，考取研究生，当博士的，只能是少数。你能埋怨为什么大家都不当博士么？所以，御女采阴也罢，烧炼三黄八石服食也罢，修服药草也罢，按摩导引也罢，吐纳呵嘘也罢，他们总是还有养生愿望、养生追求、养生行为，作为“全于人道”的过程来说，其中的小法小术或也可不失为一种有效手段，只要利人利己，就都值得欢迎，也应该宽容，不必视为被讽刺的旁门邪径。而真正的旁门邪径应该是那些以妖言怪术骗人害人之类，是那些打着正道的招牌引人误入歧途之类。故我认为，有善良愿望和行为，却不能引人入于上道、大道，此属于旁门；具险恶狡诈之用心，利一己之私，害他人之身心，此方属于歪道邪径。此真伪不辨，敌友不分，就会使仙道陷于孤立无援局势，可不慎乎！

搬运按摩之术

搬运按摩之术本是动功导引之术，而古代有丹家则对此有所批判，认为搬运按摩之术可动摇人之精，不是大道修为。平心而论，这种批判是站在修大道的观点和高功夫层次上看待的，确乎有一定道理。在这个高度上看待吐纳导引、搬运按摩之术，因他们的种种方法都离不开意念，离不开口鼻呼吸，离不开身体运动，其行为过程从绝对意义上看，都是耗精耗气的。但公允而论，吐纳导引按摩之术，对初学练功的人来说，也不失为行之有效的好方法。它固然以小代价的精气神消耗为付出，但它却以疏通筋络、畅通气血、更好采补精气神打下了基础，功大弊微。当然，对一个修大道丹功的人，他是不能一直仅仅停留在吐纳导引按摩方法的粗浅层次上，而只可以将此当做筑基的入门功夫，而最终要进入清静无为的内丹修炼。当然，有些身体素质相当好的人，他从事内丹修炼，也完全可以不走搬运按摩的过程，可以直入静修。但对世上大多数修功者来说，这个先决条件却是难以完全具备的，故笔者最推崇达摩大师的易筋、洗髓相互为用，也最推崇张三丰将太极拳作为丹道的动功而辅助修炼。

御女巧诈之术

古代房中术有“御女采战”之术，乃指一男与多女合体性交的房中术。有的以此术采女子之气，有的以此术兴勃阳物以炼气。这些房中术果能如法所致，确也有显著养生效益。但此术一是有悖于社会伦常道德，甚至于法律，二是其行为多是损人利己的。然最关键者，行此术者十有八九不能悬崖勒马，仍旧落于常人性交之道。故正统修炼家视其为巧诈之术、旁门邪径。

“命要传”

“命要传”者，盖命功是在肉体上做功夫。而凡是人，其生理构造是基本相同的，故可以分别情况制定技术性的修为。但命功之“传”，绝不能片面、狭隘地理解为各个门派的秘法之传。而历来很多人囿于这种片面、狭隘知见，好像以为各个门派都有自个的独特秘法，只要得了这一门派的秘法，就可以傲立于天下内丹学派之林了。

故有个道理若不明白说出，天下修道人多数不得明白。仙学修炼一道，乃同中医学原理一样。中医治病，即便相同一种病症，一个高明的大夫不可能用一个固定的药方（药物配伍、剂量、制作服用方法、疗程）去治一万种同类的病。甚至甲乙二人病种相同，大夫开的药也不会完全一样，这就叫辨证施治。仙学修炼也是一样，切莫说历有三元丹法之不同，即便同为一个人元丹法（此专指清静丹法而言），人与人的年龄、性别、体质、病情等等状况之不同，制定下手入门的技术方法就会有所不同。古代一些先性后命、先命后性，甚至出现一些下手守窍各自不同的法门，形成派别，就如大夫给病人看病所开的处方，是根据特定的人、特定的情况来定的，并非一成不变的。所以，修大道者不应拘于门户之见，要广采博收，集大成为之。丹经《大成捷要》便表达了这种观念，全真派的三教圆融说更是体现了这种观念。若拘于一门一户一诀一法即视为唯一无上之法，可能会一叶障目，贻误前程。

辩证对待不同的下手功夫

下手功夫常要视学功者具体情况而定，没有硬性的规范。在古代，一个老师教许多学生，可视学生的不同情况，而制定出各不相同的下手功夫，这就是所谓的导引方法。而历史上，由于引导方法的形式手法不同，后来就形成一些门户、门派。修炼大道之人，不必执著门户门派，关键在于能识别各门派导引方法的深浅优劣。

依我之见，前代正统道家所批判的一些左道旁门入门功法，认识得清，把握得住，对师父指导不同的学生入门也有一定的借鉴作用。例如拟像默观，本是一个执著的入门手段。但有些人他的心中一时难以安静，先让他来个拟像默观，守住丹田假设的一团火、一池水、一轮明月、一朵莲花，又有什么不好呢！他能守，心便能安，以后给他晓之深层道理，不守，也就行了。

太极开基　性命双修

道家有性命双修之说。从单纯内丹修炼功夫层次上讲，这就是在真元之气由最初的无极态开剖后，发展到太极态所要做的功夫。

太极态是什么呢？即到得虚无之极，真元之气处于浑沦空寂之象，静之又静，忽然静极生动，一惊而醒，一觉而动，这就是太极开基，阴阳由此判分。天人之间，生成之理相同。因为有了太极立，阴阳判，而天地万物才会展示出勃勃的生机，无穷无尽。此时的一觉而动，即太极动而生阳。

人与天地一样，阳气轻清，上浮为天，成就了人属心神的性。继而动极又静，静而生阴。阴气重浊，下沉为地，成就了属肾精的命。这种现象，在天地来说，就是一阴一阳；对人来说，就是一性一命。

然而，虽然说太极开基因为动与静的关系，有了阴阳的分别，但如果阴与阳不发生交合运化，那么无论自然与人的生机都不能顺畅，人的生命欲保持只生不灭，这个理想就难以实现。因此可以说，天地必须保持一阴一阳相互往来，阴中含阳，阳中含阴，阴阳互补互生，方能成为亿万年不坏的天地。那么，人的肉体也必须保持一性一命相互流通，以性去招摄命，以命而归伏性，方能成为永生不死的人身。道理是什么？天地有一阴一阳交替运行，生机自然畅顺；人身有一性一命的交合养育，则主生的真元之气就会不断增长，自然就能达到长生不老的效果。

天地定位的筑基之功

丹道修炼名曰以后天返归先天，初步功夫叫筑基，筑基之先又叫天地定位。

在这个返归过程中，炼心属头等之功。但炼心的问题能解决，也只解决了入静的大事，接下来还须借用后天口鼻呼吸之气调运营卫之气，来疏通周身已被阻塞了的经脉和病灶。只有病灶消除，周身经络畅通，气血流运无阻碍，即完全恢复到先天而后天的天地定位，这才可以谈得上纯粹以先天自然规律行事。

筑基之功常需三年九载方可完成。但三年九载这个时间，还是对勤修不辍者而言。否则，对于修功不勤之人，十年二十年，甚或一辈子，也未必能完成天地定位的筑基之功。

可见，丹道虽可广度有缘，却不能使侥幸者有所获，不能使懒惰者有所获，不能使邪恶者有所获，不能使醉心于名利声色者有所获。

儒门心法与性命双修

唐宋以来，正统的大道修炼门中都倡导三教圆融说。但直到今天，儒门中性命双修的心法仍然鲜为人知。乃有粗知者，不过以为儒家所讲的只是伦理道德方面的事情，与仙家的修为必有所不同，实则此中奥妙少为人知。

首先来说“儒”。“儒”字本指通情达理的知识分子。而在古代，能成为通文达理的儒生儒士，往往需要一个权钱相辅的家庭背景基础（反过来，儒生儒士也可营造出权钱相辅的家境)，这就形成了一种权贵阶层的知识分子群体的代称。因为“儒”的出路在于进“仕”，所以儒家学说与治世紧密相关。但儒学与仙学并非两相矛盾，既可以说成为一体两面，又可以视为是一个修炼的次第。从仙学历史的源流看，孔子是老子的学生，得了老子的大道真传。可以视为老子传孔子，是传下一门将自身修炼与治国平天下并行不悖的嫡脉。这一脉行的是广义上的“先尽人道，后完仙道”的修为。这一脉的历代传人是以其出类拔萃的“圣”根之器担负起传承大任的。而另一类不具此根器的人，则走上狭义的“先尽人道，后完仙道”的修为之路。此即“达则兼济天下，贫则独善其身”之又一大义。

大道修行中，“先尽人道”这一步，“人道”之义并不仅仅局限在人伦道德层面，还有与之相衬的综合性身心性命之修养。所尽之人道，即修养成为一个灵肉合一最完美的人，为迈向仙道的高深境界打下坚实的性命基础。

孔颜的儒学是秉承老子的大道真传，通过实修实证，将其心法转化为普度众生的公共性语言，去其玄奥，用其直白，故人们易知易懂。但事实上，在历史的传衍中，孔颜儒学的精髓内涵，却由于人们仅从最浅显的字面去“易知易懂”，反而不为人们所知了。所以，唐宋以来深谙此奥的大仙家们积极为孔颜儒学进行拨乱反正，还其性命双修的本来面目。其实，晋代的“净明道”领袖许逊，就开始在做拨乱反正的工作，他是直接以仙道的门面宣扬儒门的心法。后来，唐朝的李道子、吕洞宾，五代的陈抟，元明的张三丰，都承接有儒门心法真传。后来的全真龙门派，其中一些修炼大家们，直到清末民国，仍然承接着这些心法真传，只是鲜为人知罢了。

不过儒门心法也最不易传承，因为他具有入世的一方面，恒河沙数的儒门学子最后都因执著于人世而不能自拔，最后连完美的人道也不可尽，更与仙学无缘。

张三丰在本篇提到一些儒门心法。如孔子之修身大法，第一步“在明明德，在亲民，在止于至善”。即，要明晓天道阴阳和谐的德行，要使最基本的生命个体不断加强新陈代谢（这里可指人的生命细胞），要使人心归于先天自然状态（“至善之地”即先天自然之心）。这三条为一步基本大法。第二步，在心性返归到先天自然状态之后，“知止而后能定，定而后能静，静而后能安，安而后能虑（即大智慧性光出现），虑而后能得”。所谓“得”者，即孟子描述的充天塞地、至大至刚的浩然之气。

孔子又论述了天人合一、性命双修（这里的“天”指天下）的“大学”之道：“古之欲明明德于天下者，先治其国；欲治其国者，先齐其家；欲齐其家者，先修其身。”这是将人的修为与社会价值、人生意义联系起来，并首先把人生的最大社会价值“治国”摆在首位，因确立目的性而修。用我们今人的话来说，这样的修为，是将国家、家庭、个人诸方面的利益兼顾统一起来。而实修的方法则是“欲修其身者（这里的‘身’同指性命），先正其心；欲正其心者，先诚其意；欲诚其意者，先致其知；致知在格物”。层层追索，又回到了下手的第一步“在明明德”之上。何谓“致知”？就是达到通悟。通悟就是明了天人之间的本质规律。“致知在格物”，“格物致知”就是从体察纷纭的万物中找到贯通于中间的本质规律。“致知”即“明”，“明”即通悟。“明德”即道的阴阳合体、和谐运化的德行。

以上修身之法，也表示着一个“穷理尽性，以至于命”的修炼程式。“在明明德”是“穷理”，“止于至善”是“尽性”，“心正而后身修”是“以至于命”。

儒门心法

儒家的经典很多，但不是所有的儒家经典学说都可以用来作为人们思想行为的正确指导。张三丰认为，除了世所公推的《诗》、《书》、《礼》、《乐》、《易》、《春秋》这六部经典学说之外，其思想言论可以立为全社会遵循的准则的，必然要推孔子为代表的儒家学说。以孔子为代表的儒家学说，不谈与现实社会无关的事情，不涉及高深莫测、奇谈怪论的学说，他们的出发点是担心，如果热衷谈论上述问题，对社会来说，就好像将人们推下了无底的深渊，永远是空幻玄虚，摸不着实际。因为每一个人都是在现实社会生活中生存着的人，故而，人的修为就离不开现实社会和现实生活。

孔子、颜子这样的大儒家，他们的学说中也有隐学与显学。但其用心在于，让人隐，是让人磨炼坚强的毅力和远大的志向；让人显，是让人行施仁义之德，以最大体现“道”的功用。所以说，隐，是重在炼己修己；显，是重在利人济人。这也都是“道”的特性。

修道人的隐与显只有形式上的区别，在内涵上却是没有区别的。举例说，成道为了济世利人的“显”，那么，修道者虽然在山林隐居，而他修养的功夫、学习的知识、培育的智慧，却是为匡扶天下辅正人心准备的。从这个意义上说，修道者的一时超脱实是为了长久的服务于社会现实。（孔德按：此言道出修道的旨。我总认为，人同蜜蜂一样，是一种群体相互依赖而生的动物，人只有在人群中存在，方显出人的价值；人只有对人群回报和服务，贡献得越多越大，人的生命价值也就越高越贵。古代的大道家如张良、诸葛亮、刘伯温，当隐时则隐，当显时则显。隐为显用，显因隐昌，成为辅佐天下的栋梁。又如古代许多仙家人物，隐修成道，道成则入世积三千功行，累八百善果，可见修道不应成为自私行为。若有家抛家不顾，有业弃业不事，一味强调个人的修炼，虽然这种个人权利别人无法干涉，但终究失去了人生价值。一个自古就被批判的“自了汉”，即便能活一万年，不过是个长寿动物而已，除此则不能说明什么。）换言之，修道之“隐”重在炼己修己，所以他的心性境界是超然物外的，现实社会中任何精神与物质的诱惑都不会沾染这片纯洁的心性世界。但以孔子为代表的儒家学说，他们使用的言辞包含有很深很微妙的心法在里面（孔德按：孔门的文章因有心法在内，故也有隐显两面性。显者，即文字的一般意义；隐者，即字面内的秘诀）。所以，后世的翻译家不懂孔门心法（孔德按：实是由道家老子所传性命双修之大法），很难追溯到字面之外的深秘内涵，所翻译出来的东西就失去了孔儒本质性的内涵。

例如，《大学》第二节之内容，那是孔子专讲修身的深义。这其中，孔子还提到修持仁德的准则：非礼勿视，非礼勿听，非礼勿言，非礼勿动。颜子将其视为炼己的不二心法。颜回在心未止于至善，性未纯于光明之时，他一直处在贫困的条件下隐修。一旦功夫纯熟，圆通大智慧导发出来的言词文章，处处乃是关乎国家社会君意民心。所以他们这些人隐中而修是为了后来的社会实践的实用，而在发挥积极社会实践作用的同时，他们又从不在名利上张扬，处处体现着超脱之“隐”的本质。所以说，孔子、颜子为代表的儒家思想及行为，在隐与显方面内涵都是一致的。如果没有他们这种隐显的体用深义，也就谈不上孔子、颜子一派的儒家心法特色。

张三丰说，孔门的心法由孔子传曾子，曾子传子思（孔德按：此指主要传承脉络，并非表示就是单传），其微妙精奥都在一部《中庸》里面蕴含着。历来想从《中庸》里探讨道妙修炼成真者可谓如同恒河沙一般，难以计算，而真正从中得其道妙者，从子思之后，惟数孟子了。孟子不仅得其真传，而且还有精深的实修体验。把孟子这种实修体验过程分次第描述，即下手时口诀为“持心养气”，过程中把握的火候是“勿忘勿助”，其所实证的功夫境界就是身心中的先天元气“充天塞地，至大至刚”。《中庸》所传的心法是普度众生的，人人都可以从心法默然领会妙道，加强自身身心修养。当然，像孟子所谓“养吾浩然之气”的“浩然”之境，这是实修的功境，它是口诀难以告知的。

我们可以试想，一个人能养出充天塞地、至大至刚的浩然之气，性与命都天人合一了，他怎么会有极端的利己主义，怎么会“薄亲”呢？所以张三丰说，杨朱和墨翟走向两个极端，都是缺乏身心性命之修为，没有一腔正气，所以言论观念会犯邪。故张三丰为正宗的儒学正名，就是要辟邪辅正，将杨墨之流的邪见邪说予以彻底的批判。

但愿世人不须到深山里访师，不须到庙观里出家，只需认真阅读四书，以颜子、曾子、子思、孟子为老师，以与我们现实生活密切相关的“三纲五常”的准则为功行，以身心性命为汞铅，以仁义的浑然于身为升举，亦足以成就很高的功夫了。

修道有一个不可错乱的次第渐进过程，即修道——养道——得道。只有得道成道之后，才可用道、行道、显道。所以，修道时不能贪于用道，养道时切莫贪于行道。即使得道可以显道的时候，你只是有了显道的功能，外部环境是否允许你显还是另一回事。如果外部环境还不利于显道，那就不要显，可以隐居在名山大川之中，传一些少数的高徒，以使大道的源流绵延不绝。

孝行与修道

张三丰在其《天口篇》中把“孝行”列为修道的内容之一，不仅是理所当然的，而且也是颇含苦心的。

历来，正统的大道仙学都是提倡“先尽人道，后完仙道”。这“人道”的内容就与社会和家庭的责任及义务有关。

我们今天所能理解的“孝”，就是孝敬父母。当然，这个意思是不错的。但是，这只是古代“孝”概念应用的一个方面。其实，“孝”有很宽泛的内涵。“孝”在古圣哲那里，总的含义指畜养。如《释名·释言论》：“《孝经》曰：‘孝，畜也；畜，养也。’”王念孙又进一步阐述为：“《祭统》云：‘孝者，畜也。顺于道，不逆于伦，是之为畜’”。这是“畜”与“养”的意思，它并不像我们今人理解的“畜养”，顶多会理解为“保存、将养”。而“畜养”的古字原义则是表示一种道性。道性就是顺其自然，就是贵生。万物都有本然之道性，天道则能最大限度地对万物进行畜养，有扶佑而无伤害。人能效法天地展示道性而行孝，可对社会人群普施孝行而畜养。

当然，人类“孝”的理念也会从自然界得到一些启发，尤其是动物界，在一个动物群体内，不但父母会关心子女，而且群体也会自动保护老弱病幼；而有些幼仔长大也会反哺父母。这就是道，这就是天伦。所以，“孝”实际上就是顺于道，顺于天伦的自然行为。当然，一旦人们背离孝行，无视孝道，道德沦丧，互受其殃之时，“孝”的理念觉醒和“孝”的道德提倡就成为必然。可见，从周朝制礼到孔孟儒家伦理说的再出现，都是社会时代的需求所致。王念孙疏证又说：“《正义》引《援神契》云：天子之孝曰就，诸侯曰度，大夫曰誉，士曰究，庶人曰畜。分之则五，总之曰畜，皆是畜养，但功有大小耳。”这就是说，在社会各阶层，天子有天子的孝（就），诸侯有诸侯的孝（度），大夫有大夫的孝（誉），士有士的孝（究），庶人（老百姓）有庶人的孝（畜）。社会各阶层人物展示的孝是与他们各自的地位和能力有关系的，有大有小。孝的名义不一样，孝的内涵却是一样的。如君臣之孝在于义，父子之孝在于亲，夫妻之孝在于情，长幼之孝在于爱，朋友之孝在于信。并且，继承先人之志，发扬优良传统，也属“孝”的内容。如《礼记·中庸》就说：“夫孝者，善继人之志，善述人之事也。”

当然我们必须明白，儒家的伦理道德学说，不是唯心和机械地制造出来的，而是建立在天人合一（天人相应）的道学观念上，是一种建立在系统论哲学观基础之上的。所以她的教化力能够超越时空，经久不衰。不像我们现在的社会道德教育，口号千百个花样，一会儿“五讲四美”，一会儿“四有新人”，一阵风过去，社会道德滑坡依旧。对于如此的社会状况，我以为，倒不如坦率地继承我们中华五千年的传统道德观念与准则，只不过有些名词转换一下就行了。

张三丰立“孝行篇”，显然是针对当时社会仙学参与者中的“自了汉”所发的启蒙、规劝之论。《张三丰太极炼丹秘诀·打坐浅训》中有明训曰：“学道以丹基为本。丹基即凝，即可回家躬耕养亲，做几年高士敦儒，然后入山寻师，了全大道。彼抛家绝妻，诵经焚香者，不过混日之徒耳，乌足道哉！”然此论在今天仍有极强的现实意义。就我所知，今天仍有许多所谓的修道者已经抛弃父母、妻子、兄妹而出家（注：此出家并非一定指到寺庙出家，到寺庙出家只是其中一部分现象）。我不知这样的“修道”，究竟能修出什么道来，即修出什么道来又有什么意义？“仙”字不离“人”字，因

“人”而成“仙”。不过，“仙”乃是身心升华而超越于普通人、俗人。超越普通人乃指肉体之命，超越俗人（庸俗之人）乃指心体之性。如果把仙学修炼的全过程作个展示，其实除过特定阶段有人身暂时离世的命功修炼之外，绝大多数的时间都处在人世的现实生活当中。比如说性功部分，主要就是在现实生活中修就，一面是去私欲、除烦恼，一面是行孝道、积阴德。试想，离开社会现实生活能修好性功吗？肯定不行。所以说，人道是仙道之基，也可说人道是仙道之一部分。因此，今天的仙学界应该对传统仙学进行拨乱反正，提倡新的仙学观。这个新的仙学观最核心的立场就是重视仙学修炼的过程。换句话说，就是重视人生的修为过程，而不是斤斤计较或讨论其结果。比如说仙有天仙、神仙、地仙、人仙之等级，也有百日筑基、十月怀胎、三年乳哺、九年面壁之次第，而第一步咱们先从人道的孝行做起，先从现实的除病养生做起，不必奢谈以后的功夫行不行；本来仙学修炼一道，就是“尽人事，听天命”，只要我们的修为过程一步一步都是完美的，何必苦苦惦记着那结果的“仙”与“不仙”呢！不记得老子有云“外其身而身存”吗？仙学正是放下执著之学，如果人们只是一味地向往学仙成仙，而忘了现实这个道场，忘了孝行这门课，终究是雾中之花，空中之阁！

有为无为的运用

丹道修炼总体概括要经历以下过程：从神讲，是以有为入无为，从无为得有为，合有为再入无为，而得无不为。从气讲，是以后天之有化于先天之无，从先天之无得先天之有，合先天之有再入先天之无，而得无不有。以神气合言之，第一步是以后天之神的有为合后天有形之气，入于先天无形无象、无声无臭的混沌无极状态。第一步是兴工的手段，目的在于入先天之无以求先天之有。先天之无是无极，是阴静。而无极不可终无极，无极之极而生太极；阴静不可终阴终静，阴极静极而生阳动。有此一阳之动，阴阳便开始作动静的互根循环运化。此即得先天之有。这个先天之有，是先天的有为之有，是先天的存在之有。这步下手功夫以宇宙自然比，有形的天地乾坤是后天，现在要归于天地乾坤还未产生的最早什么也没有的先天杳冥状态；以人自身比，有形的肉体是后天，现在要归于父母还未造就我们生命那最早什么也没有的先天状态，入无求有。但是，得有之后，不要以有为有。若以有为有，仍将落于后天。故仍以先天神气之有，再入于先天无为造化之无，久久锻炼，一任自然天然，最终被造化成为无不为、无不有的道体，形神俱妙，永生不灭。

练功之苦

练功之苦，说苦不苦。因为既不是重体力劳动，又不顶风冒雨、忍饥受寒，何苦之有？所谓苦，只在能够天天坚持，耐得住寂寞而已，要知一旦功夫上身，其乐无比，有谁不让你练功，你还欲罢不能哩！

修道的返先天与婴儿的自然先天之别

修道虽说要按婴孩的标准去做，浑浑沦沦，无知无识，率天性，复天命，但是，婴孩是先天的浑沦无知，修道者却是以明白而返归浑沦无知，这两者是大有区别的，这也正是修道而得道的天机奥妙。为什么？因为，婴孩固然能率此天性，以复天命，但婴孩如果不能发育后天灵明知觉，即识神的功能，婴孩则永远是无知无识的。这种无知无识的人是没有用处的。将一个婴孩丢到荒郊里，他准会被饿狼吃掉。所以，维持原始的无知天性，不是人类的需要，因为它不能保障人自我的生存。修道人是以已经具有的灵明知觉去回归天性，这种回归所得的结果是不同的。婴孩的无知天性好比天然矿石；人在后天发育成熟的识神就好比矿石经冶炼而成的铁；修道人将识神去回归天性元神，就如将铁再放进熔炉里锻炼而成钢。前者原始的无知天性仅表现我朴，而识神回归天性所得的则是圆通大智慧。维持原始天命只能保持一般人所共同质地的肉体，而修道反复锻炼而得的天命则是超质生命体。所以说，修道人因为也是人，他的生命返归方式就必须按照人的生命规律去返归。然而，生人时是母体，修道的生命返归是自体，是借自然以作母体。这种行为就是采盗天机，逆用大道，其所得结果不会使自己再成为婴儿，而是将生命旋入高一级生命形式存在之中。例如蚕，蚕虫的每一次卧眠都是将生命返归无极，经过七次返归，到最后肉虫变成了飞蛾。但蚕是低等生物，大自然让它由虫变成蛾，而蛾产卵所生后代还是蚕虫，它老处在由虫到蛾，由蛾到虫的轮回之中。显然，蚕如果不是自觉地采盗天机，它是不会有生命形式的递进质变。而修道人是自觉地采盗天机，所以旋入的高级生命轮回，生命体就不再是原有生命体，而是聚则成形，散则化气的特殊生命体。

依此看，在进化的人类中，人的性命（也可指寿命）分三种形式存在：一是自然性命，即行为顺应自然，享尽天年，这种现象在上古时代多见，而今天极少，甚或没有。二是反自然性命，即行为不能顺应自然，因而不能尽享天年，反而短寿，这是人类进入所谓文明时期以来的普遍现象。只是其中少数人有所警觉，能做出一些有限的顺应自然的事情，短寿的程度轻微一些。三是再造自然性命，这是修道人从事的工作，大约在一万年前就开始这样做了。但自古以来，由于人的情性缘故，修道人千千万万，得道者如凤毛麟角，故能完成再造自然性命的仙家少之又少。纵笔者今也已铁心向道，然也不知将来是否能得正果，若仍沦入短寿之列，也只能怨自己顽固不化，并非大道远人。

阴阳颠倒之理

从事内丹修炼的人不像常人那样去顺用阴阳，却要将常人的用法颠倒过来使用。常人的顺用阴阳，是将原在一处的阴阳分作两端，渐相背离，我们却要让它们合二为一，永不分离。

所谓阴阳，就是精神。精如同水，神如同火，水火相离，就不能构成育养生命的营养。在《易》卦上，这种状况表现为“否”卦，称为水火不济。而我们的颠倒之法，却要使它变为水火既济的“泰”卦，更好地制造营养，育养生命。譬如说，精与神好比天与地，神为天，为阳，为火；精为地，为阴，为水。我们的颠倒法就是要使神与精来个地与天交相为用，发挥最佳效能。这方法就是让属阳属火的神居下，让它的热能由下往上挥发；让属阴属水的精居上，让它的雨露由上向下滋润。火上有水，火就不会焦躁；水下有火，水就不会寒冷。中间就会蒸发成氤氲的气体滋润身体内的万物。

阴阳颠倒法的采用，首先是造就一个很好的内循环环境，使在内的精气神结为内药，继而再招摄外部自然的虚无元气即外药，合炼成金液大丹。只要我们能持之以恒地先行炼己，什么样的苦辱都能适应，又善采用颠倒之法，身心能处于静定的状态，自己的后天之性返还到自然先天之性，那么，作为外部自然的虚无元气，就会像当初造就我们生命的时候那样，重新回到我们生命中来。一个修道的人如果能做到这样，也就得到了古人所说“守雌不雄”、“寂然不动，感而遂通”的上述效益。

自身阴阳与生命

道家的阴阳观是讲辩证的。如男与女相对，男为阳而女为阴。而就一个人来说，无论是男是女，自身皆有阴阳。现从内丹修炼的角度来谈谈一个人自身阴阳。

人从先天生下来，一身的阴阳当初是分列有序的，在上为纯阳，在下为纯阴。纯阳为乾，纯阴为坤。就跟大自然一样，天在上，地在下，天有能量，地有物质。要生养万物，天的能量与地的物质就要发生交合运化，阳气入地，阴气升天。天地氤氲，运化无穷，万物就生生不息。先天赋予人的阴阳乾坤原本也如此。天阳下降，以性照命；地阴上升，以命接性。以后阴阳往复无穷，人的生命也会生生不息。以性照命，就是将“乾”中一阳下降，那“乾”位就成为中空的“离”卦。以命接性，就是将“坤”中的一阴上升，那“坤”位就变成内实的“坎”卦。这种先天而后天一变之后，后天“离”位中所处的是真阴之神，主静；后天“坎”位中所处的是真阳之气，主动。阴阳动静再往来循环，运化不已，生命就无有穷期。

但世上人大都没有破译出上苍的这一美意，而在后天生存中将“离”

火以精神思想行为向上冒走了，将“坎”水以物质精华形式向下流失了。整个生命的生态系统的能量与物质没有用于内部良性循环，有的却是这个系统中的精华不断向系统外耗损。那这个生态系统自然越来越糟糕，不会维持多久的。

仙学修炼者明白了天地阴阳造化之机，于是，下手去做的功夫就是培养“坎”卦中的那点真阳元气，让它来修补我们亏损了的生命。当我们做好了一切的培养工作，真阳元气在我们丹田里终于茁壮地生发出来，我们比喻它为生命之树开放了一枝金花。

下图第一排第一为乾卦，第二为坤卦；第二排第一为离卦，第二为坎卦。

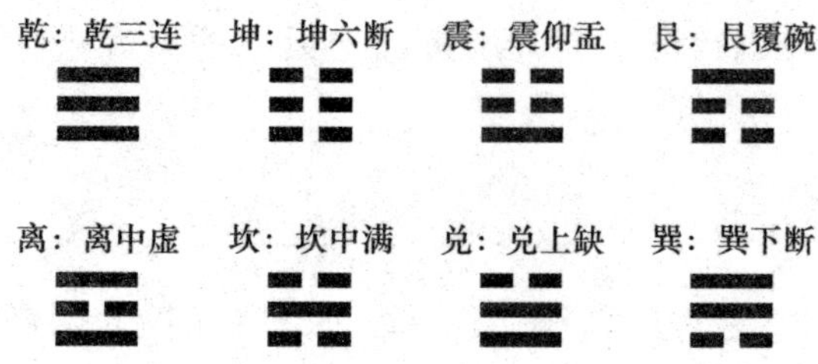

功内之功和功外之功的关系

功内之功和功外之功的关系问题，这是许多练功者常常忽视的一件事。他们以为，在特定时间的功态下做功，那就叫练功。而没有想到，在日常生活的各个方面，也同样有功夫修炼。例如修炼心性这件事，就完全是在社会全部生活中实践的。还有调形、调息、调节饮食习惯，改掉恶习等等，无不是在日常生活中需要加以修炼。这都是功外之功。而功外之功对于保证功内之功的有效修炼和顺利进展，也是至关重要的。故而，只重功内之功，而忽视功外之功，这就如一面在补锅，一面又在砸锅。比如今天挣了十元钱，明天又把十元钱花光了，口袋里老是没有积蓄。这样的练功实是欺人自欺的假聪明真糊涂行为。

丹理能普传　丹诀不轻传

丹理可以普传，而丹诀关乎人的功德心性，所以关键法诀是不能轻易说破的。儒门中，孔子的弟子在《论语·公冶长》中深有感触地说："夫子之文章，可得而闻也；夫子之言性与天道，不可得而闻也!"意思就是说："老师的文章天下可以得闻，老师所讲性与天道的修炼内涵，人们却难以知道啊!"此为一例公案。

为什么会这样呢？这在于，天道与性命之理亘古不变，所以可以在哲学上予以讲述。又因它是普遍真理，故可以公开。而性命的修炼因人的不同功德心性，条件复杂不一，所要采取的技术要因人施教，因材施教，故而难以用统一的标准技术公开传授。这也像中医治病，医理病理是宏观的学问，可以普传，但治病时，虽系同一病症，却因病患者年龄、性别、体质、发病史、病情轻重短长等情况不同，而会采取不同医治方法，两者的道理完全相同。

当年孔子得老子真传，对性命修炼之学有深刻的领悟，他将悟得的性命之理不断明示给弟子，以在于启发弟子们修炼，后来弟子们整理成孔子语录得以留传。但他的性命修炼技术真谛，却在对弟子们因材施教中，由于不便公式化而未能公开，只在口传心授上辗转单传秘传于道儒二门之中。

秘诀不能一次性透露

师父教徒弟，许多秘诀是不能一次性透露的，而是要根据徒弟练功的过程逐步透露。这原因并不在师父要留一手，而在于如同走路，徒弟还未走到那个地点，即便师父将那地点的景象说给徒弟也是白搭。因为你无论怎样揣度未达地点之景象，终非那地点的真实景象。一些初学丹功者，练功刚刚起步，或者走之不远，读了全部的丹经，而不是去扎扎实实从头做起，而老想吃着碗里，望着锅里，企图把最高层次功夫一下子弄到手。如是这样，恐怕再上乘的丹经也不能保证他们不走邪路。因此我建议初学者，对于优秀的丹经，不妨先通读三五遍，然后分节读，分节练。取得一节的真实收获后，再研读下一节，指导下一节的修功，这样去做才算正路。

“离”火与“坎”水

如果说“离”在先天为火种，那么“坎”在先天就是水源。人的先天肾精，就是人生命的“水源”。人的先天肾精，就是坎卦中间一阳，本是无形无象的元气。而落入后天有作有为的“坎”中，它便依附在有形的物质之精中，以生命传嗣之源的、根生自肾器的性交之精，到五脏六腑运化之精，到周身循环代谢之精。

细而论之，人的后天识神为离，人的后天化精为坎，这离坎二卦，都是中间一爻才属先天，而在外的二爻都属后天。凡向后天偏激发展者，都会消耗中间所含的一点先天本元。这点先天本元消耗完了，生命也便终止。而反过来保养中间的一点先天本元，后天也便转而化为先天。当离与坎都处于返归态时，二卦的真阴真阳也就相互结合，成为原始太极之体，有生无灭，并由天道转为超原质新生命，这就是修炼的奥秘所在。

离卦象征人的后天本真之心

将人的后天本真之心以“离”卦为象征，实际是以先天八卦讲的。我们知道，八卦分先天八卦与后天八卦，卦象虽都是一样的，而位置排列却不同。这道理是什么呢？

简单说，按理先天是不存在八卦的，只有无极、太极。只因为有后天，所以道家就从后天演绎出一个八卦标志，放入先天，以解释后天现象。这在于说明，后天的一切都是先天程序编排好了的。在这个意义上，才有了先天八卦。

由此可以看出，先天八卦对于后天现象的发生，只是一种程序的提供。例如人在后天有心神活动，这心神就是先天的乾坤阴阳搭配合成的神性元素“离”。所以，“离”，只有从它的结构元件上，即外之二阳，内之一阴上，可以视为先天。也即它是由先天所构成，能代表和反映先天的不同成分。但“离”在后天，毕竟与先天分离了，先天是给予“离”一个“火”种，这个火种如果封存不用，它就可以保持先天特性。这个火种如果要燃烧，它就必须从后天补充能源。那么，后天识神这个“离”火，本质上虽保持有先天基因，实际上已不能称为先天。所以，以“离”卦解释人的心神，只能从基因上视为先天，依其特征只能视为后天。这个要领不搞清楚，我们就无法弄清识神的现象特征，也不好从事于后天返先天的实践。

方诸、阳燧

方诸，是古人在月光下承露取水用的特制器具。古籍记载，有的是用镜子制成，有的是选用凹形大蚌壳制成。

方诸取水常被用来制作名贵稀罕的丹药，所以取水法非常讲究。例如外丹家以方诸取水制作地元神丹服食用，就选在每年八月十五中秋节晴朗的月夜，于亥子二时，以方诸对着月光取水。所取之水，称作真水。如果此夜阴云不晴，就不能取，再等第二年的中秋夜。

阳燧，是古人在太阳下面迎日取火用的特制器具。有的是金属制成的尖底杯，杯底留针孔，有的是铜制的凹镜。将这种器具放在日光下，在器具下相宜距离放置艾绒棉絮，聚光成熟，聚热燃火。

气、灵、心、神、性、情

真精即真阳，真阳即真气，真气即元气。元气动而显灵，灵动发而为心。心的变化功能称之为神。神的总的运作特征称之为性。性的释放形式称之为情。气、灵、心、神、性、情未生物时为先天，即生物后构成后天。先天气、灵、心、神、性、情是无极而太极态，不可分；后天气、灵、心、神、性、情是有极态，化分五行、八卦、六十四卦，以致无穷分化，因而各趋极端。

人年轻与衰老的判断标准

男子精、女子卵，之所以是人生命的全息信息符号，能够复制出人，就因为它们是原生命体的整体精华，是精微的元神元气。所以，从一般后天现象看，青年期，先天壮旺，精气足，生育能力就强盛；老年期，先天衰枯，精气不足，生育能力就减退、就停止。而人的年轻与衰老，科学的判断不在自然年龄上，而在生理态势表现上。凡神与气能经常感化通体无形之精者，纵然自然年龄是一百、二百岁，他仍属年轻；凡神与气不能感化通体无形之精，甚至神与气本身就已枯竭衰败，纵然自然年龄是二十、三十岁，也已属于老年。修道之人修的就是先天神气常来、常聚、常固，时时能感化通体无形之精，所以其效应就是青春常驻。

生命的真种子

从实际意义讲，丹经上所谓的生命真种子，已经不是我们人原有的生命真种子。因为，原有的生命真种子只能成就我们肉体的人，并为我们人的肉体服务终生。这种生命真种子可以视为是，通过寻找到原有生命真种子，并在此基础上，进一步接受天道的化育和自然元神的充实，使固有生命体产生“化生”转化，即由低级生命向高级生命转化的一种质量升华的新生命种子。

笔者在《易经洗髓大全注解》一书中已经说过，丹道修炼所采取的是生命现象逆行返归方式。由于自然演化定律界定，任何生命体个体演化不存在重复性，只有变异性。例如，蚕由肉虫演化成飞蛾；例如同类植物群出现的个体变异：牡丹中的黑牡丹、绿牡丹，麦子中出现的稀有大穗和分叉穗；还例如现代生物工程人为制造出的一些动植物的变异品种等等，无不证实着这一论断。所以说，丹道修炼逆行返归的结果，只能是出现变异，成为超原质新生命。这一点，对于最早期的修炼家来说，也恐是始料未及的。他们当初存在的希望可能仅仅只是延年益寿而已，而在不经意即无为的修炼中，偶然发生了生命变异，这才有可能总结和创造出丹道的理论和方法。

“天地万物盗我之元气”。

这是古丹家之认识，是说天地间有形与无形之间，凡有运动演化现象，从某种意义上讲，均是不同物类的互相占有。人占有物质，同时也被物质占有。人消耗物质，物质亦同时消耗人的肉体和精神。古人说“玩物丧志”，其某种意义也在于此。

龙虎大丹

龙虎大丹，龙虎两者，无非是神与精而已。在内丹术中异名很多。如李道纯《中和集》云：“龙虎者，阴阳之异名也。龙虎之象，千变万化，神妙难穷。故喻之为药物，立之为鼎炉，运之为火候，比之为坎离，假之为金木，字之为男女，配之为夫妇。以上异名，皆龙虎之妙用也。”龙虎之丹以大小而喻先天后天。后天龙虎为识神、肾精，以识神交接肾精，而产先天之气，此为小丹。先天龙虎为元神、元精，以元神元精混合，而化为有神之气，有气之神，此为大丹。

龙虎大丹，有清修者，也有双修者，形式不同，但本质内涵相同。

戏说修道中的斩三尸

道教认为，人身上有作祟的三种阴鬼之神，名三尸神，又名三形，所以修炼家于庚申日就要昼夜打坐，炼以神剑将其斩除。

实则这斩三尸也很是可笑，修道者襟怀坦白，知错认错，何怕谁说自己的坏话？自己若真有错，又怕别人打小报告，那总是不想认错，又何必修道？

道门有神剑术一派，岂在斩三尸之用，它在于炼出如光如电的“剑”气，以便在人世上行侠仗义，立功立德。此是以元气作为无敌于天下的武器。

先天元气的阴阳性质

每见丹经说先天元气，一会说它既不阴又不阳，一会又说它至阳、纯阳，似乎自相矛盾。这其实不但是相对论的说法，也有专指专用的说法，多取意会。如说它至阳、纯阳，这是以先天相对后天而言的；如说它既不阴又不阳，这是指纯粹处于先天的无相对状态。但前人往往指一处说一处，未能明确辨别与说明，对后人多少制造了一些迷障，也是一大失误。

阴阳交感回归现象

宇宙自然从阴阳不分的无极本体，到阴阳萌生而合一未分的太极，再到阴阳相判、五行分别的八卦，总是在做无穷的合而分、分而合的循环运变。

所以，分别后的阴阳总是会再以不同形式趋向回归。夫妻之性交，也是宇宙自然阴阳回归现象的一种表征。除此之外，人的死亡也是如此，游子思乡是如此，见欲起贪也是如此，这种阴阳回归现象在万事万物中普遍存在。

从元气论上讲，只要有阴阳交感回归的现象，虚无元气就会随时参于其中。但是，阴阳交感回归发之身外，虚无元气也就随之身外。例如，人因病而死亡，病因行为失调而成病，行为失调又因心理行为不当而导致行为失调，而心理行为不当又是私欲作乱的根源。这私欲便是将阴阳交感回归发之身外，以身中无形之神去贪那身外有形之物。无形之神为阳，有形之物为阴。于是，虚无元气就在身外发生作用，并且连同身内所存虚无元气一并带去。虚无元气在身心内无存时，人的生命也就终结。凡事理皆如此。人死了，虚无元气却不增不减，照旧存在，继续着它的循环演化。

枯　　坐

枯坐者，即不得修道真谛，终日打坐，心落顽空，炁无生机，没有一点效验，仍不免老病而死，甚至比不练功者还死之速也。枯坐，因不能解决自身的根本修炼问题，故不能算作真正的修道。

游　　方

游方者，本是向道之人寻真访道的行为，后来渐变为一些职业道士以其所怀符咒、武功、医道等技，或度世济人，或化缘募捐的行为。游方因不能解决自身的根本修炼问题，故不能算作真正的修道。

色不异空

花花世界中，有形的物象，佛教称之为色。色无穷变幻，如在人生中，纵然某一种你如愿以偿得到了，无非还是一场短暂的梦，转眼成空，故又谓“色不异空”。

“色不异空”是宇宙演化现象，无处不在。不信你想想，在人的一生中：好食物，你吃下去又屙出来；好衣服，你白天穿上睡觉又脱下；美玉珠宝，你摸玩一时也会又放下；纵是你的爱妻，你相亲相抱也是那一刻，终不能搂着过日子。你的名大，而名与你生命关系有什么联系？你的钱多，钱是否能解决你的生老病死？

况且，有形的物象始终处在演化之中，它们并非一成而不变。一个事物由空无中生出来，虽然一时有形有象，但一旦消亡，又归于空无，本质也都属于空，不可一得而永得。

人生在世，你要想尽可能地去满足欲望，那么你行为的每一种获取都会耗精伤神，是以性命的代价去获取，最后总是一场空。故所谓：得意之时，也就是失意之时；快心之处，也就是葬心之处；讨得性命欢喜之时，也就是丧失性命之时。

天人感应

不管我们任何人，只要大家的心一正，那么宇宙自然的心也就正；只要大家的气一顺，那么宇宙自然的气也就顺。宇宙自然与人的互相感应之处，虽然是极其微妙的，然而其中的体现，却在一动一静、一发表一沉默之间。只不过体现的形式有所不同，内涵、本质是一致的。人有一语，自然就有一动；人有一默，自然就有一静。人类都动，自然就随之而动；人类都静，自然就随之而静。自然本无动静，而以人的动静分动静。这都是因为天与人本是一气相通，所以此动彼就动，此静彼就静，此安则彼安。此危则彼危。试思人类历史，凡太平盛世，必风调雨顺，山青水明；凡世道混乱，必多人祸天灾。

天感人心，人心感天，人与自然何能脱却天道循环！唯以人心合于自然之完美本心而已。

因果关系

道家讲因果关系，并非是迷信，唯心主义。以现代科学的系统论、控制论、信息论观点分析，宇宙万物都有其错综复杂然又互相关联的先天后天程序。一个自然人，当然生前生后也都编排在这个程序之中。在这个程序中，当然先后天因果关系就存在。但人通过主观能动的修道，追本而不逐末，当然就可以打破原有的因果程序编排。这就是道家所谓的“我命在我不在天”。然而实际上，得道之人是以自我努力超越了原有的因果程序，而进入一个新的因果程序。

“逃脱天数”说

在我看来，内丹修炼之所以可超脱生死，打破既定“天数”，即“逃脱天数”，理论在于：

（一）道是宇宙自然化生万物的本体，并主宰自然万物，其中又包含着永恒不变的法则与规律。故而，得其道，也就成为化生万物的本体，主宰万物，并反映永恒不变的法则与规律。既然已从万物中超脱出来，合同于道，再没有由生而死的形式演化了，当然就可以逃出原来作为被化生的人所必须被接受的“天数”制约。

（二）地球上有无数生灵，为什么唯有人敢于自信地逃脱天数呢？因为，人之所以为人，而与别的低等生命不同，就在于，大自然造化他们时，为他们安排了可以不断进化的头脑。这“头脑”道家称之为“神”，是由“心”而生的。实际上，“神”在万物中是普存的，只是自然造化万物，万物各自的“神”在道之本体上是一致的，但各自的先天密码组合形式是不同的。这好比现代人造出的不同功能型机器人，都安装有电脑，都使用电，但其功能级别却各不相同，故而高智能机器人可以担承并胜任多种且复杂的工作，低智能机器人仅可承担单项或简单工作。大自然所造人的“神”，从而保证了他们在进化的相当阶段，可以观察自然，思索自然，领悟自然和效法自然，合同于自然。这就是人为什么可以通过修炼逃脱天数，而别的生灵却不能的原因。

（三）人欲逃脱天数，必须经过修炼。这是因为，一个原本的自然人，先天之道已经给他预先编排好了生命由始到终的过渡程序。作为一个生命层次序列的生命，这是自然规律，故而无法违背，无法逃脱。但是，如果当他发现并认识了这种规律对于生命所设计的层次性，并由此找到了规律的源头，从而将生命与规律源头发生衔接，那么，从此以后的生命就不会再受层次性规律的制约。如果仙家能够谦虚地说，修炼得道的仙真可能并不是宇宙自然中最高智能的生灵，也可能不会是真正永恒不灭的生灵（我曾这样分析过，人类成员中，如果在五万年或者一万年以前曾经有人得道活到今天，他也只有五万岁或一万岁，未来仍是漫长的，他怎么能断定是永恒不灭呢？一个星球存在一百亿年或二百亿年，也还是要归于毁灭，仙真真能与日月地球相比吗？这总还是未知数，不能下永恒不灭的结论，而只能是理论上的假设而已），那么，他们可能就是作了生命层次的超越，进入了更高级的一种生命层次。从这种生命层次超脱的意义上讲，他们的确是逃脱了天数。由此又可看出，尽管天道赋予了人类可以超越原有生命层次的可能性，但如果人类成员不去作主观的努力，不去进行超脱于常人生存形式之外的艰苦修炼，他就不可能逃脱天数，只有与常人生存形式彻底决裂，全身心合于道，才会真正逃脱天数。故而历来因为学道人到了某种层次某种阶段，无法与常人生存形式彻底决裂，所以就导致了学道者多如牛毛，成道者仅如凤毛麟角的现象。这里所说的学道者与常人所施行为之不同，也就是《道德经》所言“天之道，损有余以补不足；人之道则不然，损不足以奉有余”之不同。其实也就是有欲无欲、为私为公的不同。

（四）所谓学长生者当以“阴功为体”，是指学道人要将全部身心合于道。这种合道过程如果是功，那么修道人的全部生活过程也是功。功使人合于道，道也就从修道人身心上体现德。道对于修道人显示的德，就是先天本元的回归、积聚、再升华，此先天本元就被称为“金丹”。大自然从无到有造就了地球，在地球自然中，最不变质的那就是金子。故而仙家将先天本元称为金丹。所以，有“阴功为体”，就会炼成“金丹”，有了“金丹”，道的功能就会无穷地显示，这就是“金丹为用”，故得道体与致道用是一致的。

七返九还

“七返九还”之说，“返”指返本，“还”指还原。

“七”“九”之数，古人有两种喻义。薛道光注《悟真篇·西江月词》中认为：“九还七返者，不离天地五行生成之数……天一生水，地以六数成水，居北，积坎阴之气为真水，故曰六居；地二生火，天以七数成火，返南，孕离而生砂，故曰七返朱砂返本；天三生木，地以八数成木，居东，处震而为汞，故曰八归；地四生金，天以九数成金，还西，化兑而为金，故曰九还金液成金。天五生土，地以十数成土，居中，变成为丹也。故曰金丹不出乎金、木、水、火、土而成。故曰‘但看五行成’准也。”

在这里，“七返”强调的是神的首先归返。神属火，既是生命能量，又是生命信息。有了它，不仅能使现有生命中的营养精华更加完美的化合运布，也能感招外部自然同质能量、信息来入我身，使生命更新成为可能。《道枢·九转金丹篇》：“九鼎之内，于是有七返八变九还之道焉。返者，覆合也，收七表八里经络之气血者也。一返脉，脉停运矣。二返气，气聚而凝矣。三返血，血成白乳矣。四返精，精结琼块矣。五返骨，骨若红玉矣。六返髓，髓化玄霜矣。七返形，形清体妙矣。八返神，神化无方矣。还者，归其源也。取五行之气，动三要之精，定一物之元者也。一还肾，二还心，三还肝，四还肺，五还脾，六还丹房，七还气户，八还精室，九还神室。九化则可以留形矣。”这是从返本还原上具体指明可供验证的依据。

《云笈七签》卷五六《元气论》：“行此道者，谓常思灵宝。灵者神也，宝者精也。但常爱气惜精，握固闭口，吞气吞液，液化为精，精化为气，气化为神；神复化为液，液复化为精，精复化为气，气复化为神，如是七返九还。”这是指练功过程中，精神与物质的反复转化提炼过程，也即返还过程。

二 尽性炼己篇

内丹奥秘："己"即"心性"

在内丹修炼法诀中常会运用到"己"这个词，如"戊己"，如"炼己""养己"等。那么"己"指的是什么呢?

"己"，字面义是指自己。在丹功中，它指的是练功者本人的心性。心性于人，其外化形式表现为："心"即心态，"性"即性情。心性，有其先天之本，也有后天之末。故丹道修炼从心性之"己"上做起，有炼己与养己之重大命题。既然练功中炼己与养己如此之重要，那就不能不谈到有关"心性"的内涵。

心性对于人来说，是与生俱有的，它是属于生命信息并主宰生命功能和行为的精神。对于心性的产生根源，《周易》上说："天地絪缊，万物化醇；男女媾精，万物化生。"这是说，宇宙自然的虚灵元气，在自身的和谐振荡状态下，时时为万物的构成提供着本原的心性。而当某种物类发生阴阳交媾的那一时刻，带着本原心性的派生物类新生出来，"万物化醇"的即是心性。

初生伊始的心性即代表宇宙自然的本性，天性；"万物化生"的即是生命，命的特征是物类各自不同的生存形质。本性、天性在宇宙自然中是共通的，共存的；而命，则因不同结构的存在形式而有区别。只有当命原有的完整结构被破坏，原有的命不复存在，被破坏了的结构"零部件"才能被别的收编，或与别的"零部件"组成新的结构，产生新的生命形式。对于任何一种物类而言，性与命（精神与物质）又是统一体中的两个方面。性是命的根本与主宰，命是性的载体、使臣。没有命，性就无所依托，不能显现；没有性，命就没有特征，没有生命，不能存在。在宇宙自然的有形世界中，万物都有性命，但性命的层次、级别存在无限差异。总之，没有缺乏性的命，也没有缺乏命的性。

内丹奥秘："己"的先天和后天

古人根据常人生命的始与终，即生、长、壮、老、死之全过程，而将人的心性分为先天和后天。

"己"是"心性"的角色分别。角色，这里指的就是物的不同种类和不同种类中的个体。"己"的特征带有后天倾向，却不完全表示后天。而与"己"相对应的"戊"，它是"心性"的本原，纯粹表示先天。

"戊"和"己"是古历法表示十天干（甲乙丙丁戊己庚辛壬癸）的基本二天干。古历法的天干、地支是古人用于表述自然万物历象规律的哲学概念。十天干可以配分五行：木火土金水。甲乙属木，丙丁属火，庚辛属金，壬癸属水，"戊"和"己"则属"土"。十天干配分五行，使五行各分含阴阳；前者为阳，后者为阴；阳者表示先天，阴者表示后天（却保持先天本质）。这每一对阴阳如果处于统一谐调状态不变，那么，物质即落入后天，即由无形到有形，也始终会保持先天本质不变。如果阴阳背离，特别是阴性一面反向激化，先后天两相脱离，后天因背离先天就会加速生命自身消亡。这种阴阳背离现象，在自然万物中，有些整体上受自然整体调控所致，如星球的覆灭，自然的灾变，万物生命的周期终结；有些则是高层次生命的自作自受，违背、破坏自身自然和外部自然所致。

就人的生命而言，当人在父母的阳精阴血（精与卵）未交媾之前，代表心性的先天灵气为"戊"，属纯阳，处于虚无的无处不在的太空之中，无名之象。当父精母血发生交合呈姻缊之象之时（即性高潮勃发），一点先天之灵气随之被感应而至，附着于父精母血之中。这一点先天灵气就成为人的心性之本，而父精母血则媾成人的生命之质（实际上，现代科学证明，男女的精卵自身在交合时就会产生姻缊之象，自能感应先天灵气而结合成新生命。试管婴儿的产生现象即是例子。但现代科学尚不能发现和证实先天灵气即先天心性的存在及功用奥秘）。无形的心性和有形的生命物质媾和，就使人完成了具有性别特征、体质特征、智商特征的个体生命创造。

一个人，性别特征是父精母血之阴阳强弱结构的结果，现代科学称其为染色体结构因素。体质特征主要是父精母血所带父母体质好坏基因遗传的结果，而智商特征的背景因素则较为复杂。智商属于心性范围，它既与先天父母的智商遗传有关，也与出生最初所感应而至的先天灵气多寡强弱有关。后者因素最为直接，因为父母我笨而儿女聪颖过人者大有人在。人在产生之始所能接受到先天灵气的多寡、强弱，父精母血的交媾只等于一个原始媒介，它同时也会受到当时所处的环境、气候、节令、时辰、天体感应，以及父母心理状态，和受孕期间营养优劣、益害等等因素的影响。总之，先天若能造就全面优越的条件因素，所接受先天灵气就多、就强，智商就高；反之，先天综合因素在某一方面有欠缺或条件恶劣，都会影响对先天灵气的接受，都会影响后天智商。这个道理很简单，先天灵气虽然无处不在，就像房子外面的空气，房子门窗开得多、打开得大，屋里流通的新鲜空气就多；房子门窗开的少、打开的小，屋里就很难进到新鲜空气。当然，人的智商高低也与后天学习不学习有重要关系，但此毕竟只能显示极限，很大程度上会受到先天制约。而内丹修炼的实践过程，则是一条以后天返归先天，从而改善先天不足提升先天心性质量的有效途径。

心性，在父母未生前称为“戊”，处在虚无太空，对人来说，称为先天之先天（胞胎称先天，胞胎的肇始之前即是先天之先天），又称为纯阳。在父母生身后的胞胎时，“戊”因形成人物化的角色，转化为“己”。“己”被称为先天之后天，后天之先天；又称为阳中阴，阴中阳，阴阳一体。心性的“戊”和“己”，前者可称无极，后者可称太极。

人自出生以后，从婴幼儿到青少年，“戊”向“己”过渡，“己”之心性渐趋圆满，太极状态成熟，虽是后天却合于先天。所以这时心灵表现为活活泼泼，天真无邪，纯是自然心性流露。随着渐长渐大，有形世界中的一切，都在给这进入角色的先天心性以强烈刺激，引发着心性向角色化偏激，“己”向着后天的一端，便像橡皮筋一样被拉长，生发强化了后天心性，即识神，落入太极派生层次的八卦之中。在八卦卦象里，后天心性的识神被比喻为“离”，象征火，表现为欲念、思维、情感等，统称为七情六欲。七情六欲是后天心性的各项费用开支，这各项费用开支都必须从先天心性“戊”那里去领取，“己”心性本体角色是明神，明神则是收发员。收发员本是能精打细算，要保障收支平衡的，但“离”识神若很强暴，收发员也就不得不任其取用。

人落于后天，先天心性的维护保养，主要来源于后天呼吸之气和水谷之精气。而这些非本原先天的精气所能提取到的先天灵气是有限的，它们获取的再大存量，也仅能维持正常生命之消耗。如果人在后天生存中，后天营养充分，七情六欲的费用开支能和后天营养摄入成正比，即收支平衡，人就能享尽天年。但面对物欲横流的后天人类正在“进化”的世界，人们往往不会想到使用收支平衡的方法，更不懂得使用收多支少的丹道长生方法，而是肆意地去消耗先天的心性，尽管人们各自消耗的方式和程度不尽一致，但最终不能享尽天年的结果却是一致的。

大自然生出人，是因为大自然需要人。既然大自然需要人，人就应该完成大自然的使命：珍惜自己的生命。这就是“仙道贵生”的宗旨，它包含着最积极的人生观。

内丹奥秘：“心性”即“神”

心性，在丹经中又常用“神”来表示，这是因为“心性”的说法具有外向化、色彩化、实用化。而讲本质，则必须用“神”。例如，“戊”之心性，本体为先天元神；“己”之心性，本体为中天（先后天之中）中和明神；“离”之心性，本体为后天识神。“神”的存在形式，都是无形象、不可名状、无声无臭、不可听闻，含物、含信、含精的气。先天元神普存于虚无太空，万物赖它以生养，离它则消亡，无迹可寻，然而功用神妙且无穷大。中和明神是先天元神转化为“己”的角色产物，是先天元神过渡到人体这一特殊结构后一部分所作的新组装，它伴随后天，却保持先天特征，被称为先天之后天，后天之先天，包含真阴真阳。中和明神只对自体生命起作用，但可体悟元神，感召元神，释化识神，是自体生命的主人翁、灵魂。因其对自体生命起中和和调控作用，又可称为真意、良心、正念、理智、潜意识等。后天识神的特征，知觉运动强烈，可与外界和内部

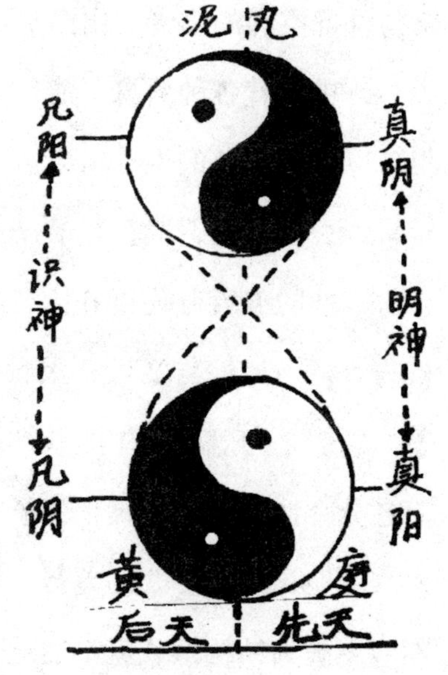

（明神与感官）发生信息交流传感，并可借助人的形体以情感情绪方式表现，主精气消耗。因其知觉运动强烈，并与外部和内部发生信息交流传感，故又具有向良性转化或向恶性转化的不稳定性和可变性。明神与识神的先后天阴阳关系见45页图。

实际上，炼“己”与养“己”，其中“己”与“己”的内涵意义是有区别的。炼己之“己”指的是后天识神，养己之“己”指的是先天元神，而把握炼与养的则是中和明神。先天元神，中和明神，后天识神，这三者，是一个连续体的三端，元神为始端，明神为中端，识神与末端，既相联系，又有区别。若以树作个比喻，元神好比根下土中之营养，这营养可以供给树，也可以供给别的树和别的植物，属自然界公有的；明神好比由土中营养生发的树根树干，它靠吸收根下营养来维持树的生命，保持树种类的角色，并通过树干生发枝叶，与阳光、空气等发生联系，调控营养之分布，是树的命脉；识神好比树枝和树叶，无根无干无营养它们则不能生长成活，但它们又与外部空间的阳光、雨露、风沙、霜雪、节令季候、其他物类发生着复杂关系，进行着各种信息、能量、物质的交换，并能将这些及时反馈于树干树根，以保证角色的生存适应。这个勉强抽象的比喻旨在帮助说明，从宇宙自然来说，元神是普遍存在的——无论是有形世界还是无形世界。然而，由于宇宙自然的五行分化再分化、互渗再互渗、组合再组合，有形世界变成了无机与有机、死性与活性、灵性与我性等无限复杂的变子结构种类和结构形态。它们之间既有统一的共性，即都具心性，都含元神，又因结构形式不一而各分个性。个性决定于变子结构形式，不同的变子结构形式反映所含元神多寡和明神组装形式的差异。所以，万物能突破其结构形式制约就能通灵，不能突破其结构形式就不能通灵。通灵功能常相对被元神含量多、明神组装结构优良者所拥有。

以丹功实践经验，功家可以告诉人们认识元神、明神、识神的诀窍：识神主事时，大脑、内心都有活动，要动用后天凡息，所以有口鼻之呼吸。而当明神主事时，大脑、内心无活动，所以口鼻呼吸就会减弱，并趋深长绵细，直至若存若亡，而引发出内呼吸，即胎呼吸。而当明神附归于元神时，即胎呼吸也尽消失，此时一片空明洞彻，呼吸不分，呼即吸，吸即呼，无呼吸无不呼吸，人与宇宙混化同一。不生不灭，即此境界。

内丹奥秘：炼己与养己

丹道修炼，分为由浅入深若干步骤和层次，而其中伴随始终的就是炼己和养己。一般而言，初浅层次以炼己为主；中等层次炼养并行；到了高层次，炼己纯熟，就直在养己上下功夫。到更高层次，还有忘己的功夫。实际上，由于每个人的心理素质、品德素质的起始点高低不一，所以，炼己的功夫和各个练功者之间存在的难易和迟速程度也有差别，有些人要从最初做起，有些人则可以从中高层起步。

我们已知炼己与养己，两者既有关联，也有区别。比如炼己，实际上指修炼后天的心性、识神，即指对七情六欲采取的降伏、克制、规劝、化解的手段方法，以达到清心寡欲，对境忘情，以人道合于天道。所以，炼己之功重要体现在日常生活之中，要在日常生活中以正确思想和行为消除和取代错误的思想和行为，以保证心性的纯洁、中和、虚静。当然，在正式的练功中，炼己同样存在。但这时若没有日常炼己之功作保证，功中炼己就不会有好的收效，练功之效果也不会很好。而养己，则指保养先天的心性，即元神。假若人像一株花木，炼己就是杜绝对这株花木的一切破坏，养己则是对它培土、施肥、浇水、耕耘。从某种意义上说，炼己过程也包含着养己，但不能代替专门的养己。

炼己之功的作用是消除后天的“离火”的燃烧，而将这精微元气停止消耗，保存起来，用以培养中天“己火”。“己火”明神壮旺了，又会积聚身内并感召身外宇宙虚空的“戊火”，即先天元气、元神、纯阳、真火。古人认为，功夫做到这后一步，身内所积先天元神元气越来越多，生命不仅会成为金刚不坏之体，甚至还能借助先天元神真火将肉体全部化为至妙至神的先天灵气，聚而成形，散则化气，聚散随心，而与天地共长久，永无轮回生灭之患。

内丹奥秘：明神与炼己养己

内丹养生中，有个很重要的关键秘诀，古人常常未能重点突出说明，或是故意不愿点破，致使后人在练功中容易感到困惑，也最容易失误，那就是元神与明神的区别和不同功用。

可以说，元神的功用至广至大，至神至妙，然而它本身却是无知的。如果元神不参与五行分化组合，不和各种复杂物类结合，不转化为“己”角色的明神，不与明神再发生联系，而独立存在，那它的存在和功用都是毫无意义的。如果宇宙永远处于一片混沌虚空的元神境界，那么，那种境界只是一种境界罢了，除此不能说明任何什么。所以，先天元神必须构造生命和借助生命、借助生命的明神、借助一切有形物类，才能显示它存在的特殊意义。从这一意义出发，脱离“人”这一角色而独存元神只是一种假想，或是特殊的自尽方式。而脱离“人”这一角色世界的生活，为练功而练功，都是和“仙道贵生”的大道宗旨相违背的，都是毫无意义的。

物化了的有形世界的一切，如果能不断地与元神虚无本质和境界交融，或不断地作周期性回归，该物类就可能保持生生不息。许多再生植物和长寿动物正是这样做的。

然而，物类能向元神境界交融、回归，不是元神起主导作用，而是明神起主导作用。物类和元神、明神的关系是：元神主而不宰，统而不御；明神宰而不主，御而不统。尤其对于动物界的生命而言，元神的功用都是被动的，即生命中的明神不向它主动靠拢，它就不会主动地回应。这犹如嘴巴不主动张开，水就喝不进来。因而，对于练功人来说，欲获元神，必用明神。其实以明神感召元神也无奥秘，不过就是以自然返归自然而已。所难者就是炼己之过程，就是除掉一切不自然之过程。

在这里，我们还要明辨一个道理，即后天识神也不全然就是一个透顶的坏东西。识神根植于元神，它的本质是自然无为的。从特定意义上说，练功中明神能起宰御作用，实际也有识神的功劳。比如说，丹道修炼之士之所以能倾心丹道修炼，又能识别元神、明神，这首先得归功于识神。因为，如果不是识神去感受、去探索、去领悟、去认识天人奥秘，如果识神不去看书学习，不去听闻有关知识，不去拜师访友，那哪里还有什么丹道丹功呢？孔子所说“穷理尽性，以至于命”，老子所说“为学日益”，这“穷理”和“为学”都是识神的功劳。

不过，识神这东西立场是极不稳定的，它一方面会受明神的启导，另一方面则严重受外界影响，后者的影响作用常常大于明神的启导。所以，外界影响如果良性的多于恶性的，识神也便呈现出良性倾向。在这种情况下，识神容易服从明神指挥，从而能主动再去捕获良性影响。好人的行为便属于这种情况。反之，外界影响如果恶性的多于良性的，明神启导能力又显得微弱，识神也便往往会呈现恶性倾向，不服从明神启导，从而以恶染恶。坏人的行为便属这种情况。所以，要使坏人变成好人，就必须对坏人进行监管，将他们强制性地投放到良性影响环境中去改造，以隔离并消除恶性影响，这才有可能将他们改造为好人。丹道养生对识神采取的对待处理方式，道理也就类此。

炼己养己的法诀细微

炼己的内容有两方面：一是铲除识神中的邪恶因素，二是培养识神向善良全面发展。对前者是强制，对后者是鼓励。炼己虽是明神真意主事，却必须在于识神有改造之心，主动配合。识神若顽固不化，炼己也就不能成功。

养己的内容也有两方面：一是起善心，行善事，择善地；二是正身、定息、止念。前者主于动，后者主于静。前者是出于自然，后者是返归自然。

炼己与养己都分功外功和功内功。

（一）炼己的功外功

首先是穷理尽性，既要弄清天地人之间的自然奥秘，又要学会掌握顺应自然的人生行为方法，还要自觉加强识神本身的改造锻炼，铲除邪恶，消除烦恼，达到一任天性行事。练好这步功夫，一是要深入钻研学习有关知识；二是要在生活实践中时时去体悟自然真理，以真理规范自己的思想行为和生活习惯；三是见贤思齐，向老师请教学习，向社会中一切好人好事学习，以美好事物、美好情景陶冶自己的高尚情操；四是扬善除恶，每生一念，每做一事，事前都要思索它的对错与因果，是良善有益的就去做，并坚持，是邪恶有害的，就责备自己，并坚决制止，保证不再犯错。如此反复锻炼，直至举念行事以好为习；五是立功立德。古人云：“贫者独善其身，达者兼善天下。”人不论贤我贫富，各视情况去立功德。有钱、有势、有智、有名之人，可以金钱、权力、智慧、名声广行善事；贫穷人，修好自己的身，不给他人添负担，修好自己的心，不给他人增烦恼；有力可为他人出力，无力可向他人献上微笑，多传扬好人好事，多传扬修身修心的方法……这一切都是立功立德。

（二）炼己的功内功

这是指在站桩、打坐和睡卧功中采取的炼己法。目的是消除杂念，保证高度入静。杂念并不仅指邪念，也指正常生活中的念虑，甚至还包括消除杂念的念头。杂念来自识神正反两个侧面。消除杂念是明神先给识神以启导，然后通过识神正念与反念之间的斗争，以正胜反，达到正反之间的调解，归于中和平静。一个练功人有了炼己的功外功坚实基础，就能为功内功炼己提供好的先决条件。但一般而言，功夫未到者，进入静功能不生一丝杂念是不可能的。要一一消除，就得有方法步骤：

1. 斩邪念

邪念大致包括害人之念、妒人之念、淫念、贪婪之心和一切非分之想。对此要毫不留情，一冒出来就斩，寸草不留。斩后要留一刻忏悔之心，和取得胜利的光荣之心，以及不怕来犯的决心。

2. 劝解思虑之念

思虑之念即对未能完成和未能满意的日常事物、人生事物的牵挂，它的层面很广，总的来说属于“内部矛盾”，故不能用斩，而用劝。劝，要用功外功所得的道理劝，就事论事劝化。劝要保持清醒，得理得法，时间上以少胜多，千万不能卷入。

3. 清除疑幻之念

疑，是指对功中的心、息、形调整正确与否产生的疑虑；幻，是指对功中产生的特殊感受和奇妙景象所引起的追求、认可、留恋、欣喜、害怕等念头。清除的方法，一是事前明理，处事不惊；二是明辨真幻，见怪不怪；三是无为而治，道法自然；四是不明就里，停功研究，知而后行。练功中能做到以上几方面，炼己功夫已相当不错，久而久之，杂念自除。

实际上，炼己，除过消除杂念，最后连正念也得消除。正念，一是消除杂念之念，一是守空、守静、守神之念。消除正念的方法是化。化，是识神自觉解脱，一切听命于明神。明神主事而无事，一任元神运化。正念消除后的境界，是一种既忘掉一切又洞彻一切，既清醒又混沌的空虚净明的境界。“万缘顿息，一灵独存”，“寂然不动，感而遂通”。玄关窍开于此，大丹产于此。

炼己的功夫迟速如何，成败如何，是根据练功者不同的素质条件和信心、决心所决定。快者数年，慢者十年、数十年方能达到。有些人难立雄心壮志，难在生活的细微方面炼己，则永远不能达到。

（三）养己的功外功

也分两个方面。一是思想。炼己炼去邪思杂念，养己则要养出正心正念，也即善心、爱心、仁心、诚心、信心、忠心、孝心、慈心等道德之心。道德之心出自先天心性，源自先天元神，发自中和明神，也称真我之心。凡是人皆有此心，强盗、流氓也不少。只是强盗、流氓被识神所拘，不愿认它罢了。练功人却要时时认得真我之心，凡仁义道德之念一动，即是真我发现，此时若认不准，常会一闪即逝，错过机会。

真我发现，要知采养。采养方法是，真我之心一动，即用淡淡微意收藏丹田，切莫使之激动而走失。所以，练功人行善事也是用平常心。二是行为。练功人待人处事都要本着仁义道德之心去做，事情无论大小，对象无论是谁，事前无私无怨，事后无愧无憾。以至达到行善不知善、为德不见德，方为合道。行为还有对生活习惯和生活规律的合理调节。比如，饮食上不暴食暴饮，不食生冷脏杂腻烈，不贪零食；衣着要大方、宽松、干净，最好着布衣、丝绸，避免化纤衣类，根据季节、气候适宜衣装；居室要通风透光，环境要清幽雅洁朴素；起居生活要有合理习惯；言行举止要自然大方，不傲慢、不冲动；劳动强度要适宜；行立坐卧要形正、体松、气和。表现出本人的真形真相，这一点很重要。每见世上人大多失去了真形真相，不得自然。例如，他做了官，他的脸皮便要搭拉，他的手脚便要大摇大摆；他有了钱，他的眼睛便会朝天望，他的腿便会翘起二郎样；他穿了华贵衣服、高级皮鞋，他便要按着装束的要求决定举止；他若是多读了些书，便要装出文人学者的风度；他若是贫穷寒苦，便觉低人一等，低身下气；他觉得他年岁大了，便要显示老成之貌……这一切一切，都忘了自己的真形真相，落入矫揉造作之中，不得天然、自然和自由。而练功人则要找回自己的真形真象，不去在乎世俗的评论。

（四）养己功内功

内容和原则只有三条，一是调形，使形体中正、轻松、柔顺、舒畅。二是调息，使呼吸归于自然，由外呼吸息息归根（深匀绵细），过渡到内呼吸息息归根（起自丹田，鼓荡全身），再返归于神息（无呼吸），以至三种呼吸浑然交融，纯发自天然。三是调心，此是炼己之后的调心，调法为守空守静，以神入气。守而不守，即为养。功夫不到家，炼己之调心和养己之调心交替为用，炼而即养。功夫到家，纯归于养。

炼己筑基

炼己筑基，“己”即自家心神。自家心神自从落入后天，因被外物所诱，渐伤渐耗，渐亏渐损，渐蒙渐垢，失去先天本来面目，犹如废铁粗矿。欲找回本来面目，故须炼。“炼”者，即断除私心杂念。因断除甚难，必立决心，必不留情，必须恒永坚持，如炉之炼钢，不达至纯决不罢休，故曰炼。筑基者，筑仙道之基也，非指一般意义上的生命之基。若就常人益寿延年的概念而论，筑基之功的完成，可保证寿命远远超过不修功的任何长寿人。若以“仙”而论，筑基功成，便为人中之仙。然而人仙之功，比起白日飞升的天仙之功，只好比千层高台迈上了第一步，故称为长生久视之初阶。

炼己筑基，这是初步功夫的总名称，“炼己”为下手功夫，“筑基”是其目的效益，但“己”的修炼要分内外两层功夫。

“己”的外炼即修养心性，它一方面要通过对理论的学习、研究、分析来实现，一方面要通过对自然、社会、生活中一切现象的观察、研究、分析、体悟，领会其中的本质去实现；一方面还要通过自己的身心行为以符合外部客观情况来实现。“己”的外炼，其效益是使心神得到顺畅的存在与保养。“己”的内炼，即是通过识神的收敛，将其用于炼精化气，逆而补脑养神。

“己”的外炼侧重于性修，“己”的内炼侧重于命修。外炼结合内炼，以达到性命双修。从时间上讲，外炼是松散式的、随机式的，而内炼则是固定式的、专门式的。如果把外炼内炼比作对一节电池的保养，外炼就是不该照明的时候决不动用电，该照明的时候也要极合理科学地用电；内炼则是使电池的物质体不受潮、不受损，且要保持不断充进电能。由此可以看出，外炼与内炼要紧密结合，相得益彰，缺一不可。但从时间上，它可以允许外炼与内炼分两步走。即先外炼，而后行内炼。古代的修炼家大多是分“两步走”的，故而把“己”的内炼专门之功称为百日筑基，而把之前“己”的外炼称为和光同尘。而古人也有在和光同尘中兼事内修的，这很类似我们现在许多修道者利用业余时间专门做功，如每日坚持多长时间，但这种筑基效果就来得较慢。

炼己与筑基

丹家认为，人之所生，由父精母血交媾，感应天地一点灵阳之气渗入，投入母胎，成就为人。人落后天之始，母血携一点灵阳之气上移于心，发自后天为神；父精携一点灵阳之气下移于肾，发自后天为精。然在母胎之中，心肾一脉相连，中含灵气，随母呼吸，渐滋渐充，十月胎圆，呱呱坠地。从婴幼儿到少年，心肾功能不断发育而至成熟。然而，自人渐长渐大，混沌窍凿破而知识开，由于外物的刺激，心神从此不得宁静，神的纷动随之造成灵阳之气不断消耗。再由于成年后性功能成熟，和对外物强烈追求所带来的各种谋生、求愉之过激动劳，从而导致以肾精为代表的体内各种精华不断消耗。神与精的两端消耗，从本质上讲都根源于先天灵阳之气。气如果被消耗殆尽，人的生命也就结束。气的过量消耗，也会在过程中造成人的疾病丛生。而神与精的两端消耗，其责任者是神，是由于神生发出人的贪欲和思虑，才导致了神的自耗与精耗。神如果不消耗，那么精也就随之被保固下来。精神存而先天灵阳之气就生机盎然，人就无衰亡之患。这就是炼己的功效所在。炼己功能，保证了后天精气神的不散失，人的身心就恢复到了最佳健康状态，这就称为筑基功。筑基功也就是进入丹道深层次修炼的基础。没有这个基础，再谈什么丹道功夫也都是妄谈空谈。

古代的修道者，对于功夫次第讲究极严，如炼己为入手首要功夫，师父或三年五年，十年二十年，什么口诀也不教给你，专门磨炼你的心性、品德，等验证你炼己纯熟，方才正式教你凝神调息口诀，此时上功极快。而现代人多不是职业性修炼家，故可采取功外功炼己与功内功炼己兼顾而行。功外功炼己就是从日常社会生活行为中炼己，功内功炼己就是于打坐静功中克服杂念。实际上这种方法在古代也是有所采取的。总之，方法的采取要视对象与条件，而不是一成不变的。

以“己”摄“戊”法诀

《悟真篇》上讲：“离坎若还无戊己，虽含四象不成丹。只缘彼此怀真土，遂使金丹有返还。”

离卦外阳内阴，喻后天心神；坎卦外阴内阳，喻后天肾精。己土者，离中一点真阴，为真意，发为真性，属木，故称青龙，又称真汞。戊土者，坎中一点真阳，属元神，发为真情，属金，故称白虎，又称真铅。四象者，离火、坎水、性木、情金也。四象中，土王于中。先天而后天，土生金，金生水，水生木，木生火。按此顺序反过来看，后者对前者均是消耗。而后者火是消耗前数者的集中表现。故修道者采取后天返先天，把消耗变为储蓄，火息固木，木息固水，水息固金，金息固土。然后天心神离卦，表面看仅有火与木，后天肾精坎卦，表面看仅有水与金，均无土。其实此土一落后天即被蒙蔽而不得见。就像人们吃蔬菜，只知蔬菜为蔬菜，岂细细想过非土而能生么？其实还是土在起作用。故真性之木根植于土，此为己土，即先天而后天之真土。己土属阴，阴主静，主吸引容纳，中空，以同类相亲故，可召摄戊土来归。戊己一合，四象可攒簇，五行于一元，金丹自可成就。己土从自家心中生，故称“此”，戊土从宇宙自然中来，故称“彼”。两者又称为“内”与“外”也。

这四句详尽论述了和合丹头的奥妙。这道理就是，火看似为火，其实它其中有生火的木汞；水看似为水，其实它其中有生水的金铅。丹法颠倒逆用，克心存性，故言火生木；去情固精，故言水生金。所以，虽然坎离只是两个卦象，它却表现了木火金水四象。修道人从离中找出己，从坎中寻出戊，用戊己二土为媒，四象就可和合。

炼己与顿渐之悟

上上乘修道功夫，首重炼己。炼己一解决好，功夫下手如同顺风之船。因其直入先天，故又称为顿悟之法。

炼己为什么如此重要，且在以后的功夫中又如此神妙呢？

我曾在《武当》（1995 年，10 ~ 11 期）发表过“炼己与养己”一文，专门论述了这一问题。宇宙自然化生万物的本源是虚无元气，但依其化生功能，又可表现为精与神。精主命，神主性。如人感父精母血而生，这是后天的。父精母血相感时，有先天虚无灵气渗入，分化父精母血，而构成人之性命，先天一物分作后天二物。但此二物，性以命而显，命以性而存。以神而论，在自然太虚是一个大公的元神，而一个人的构成，使大公的元神在这个角色化了的个体中有了“私”的存在，故以个体自称为“己”或“我”。在自然先天规律里，“己”之神不过是先天元神的某种化生形式再显示而已，表现于人，它就是人的天性、良心。在丹道修炼中，它被称为真意、元神。这种称谓道理不错，但经常在阐述上不易与太虚先天元神分别，故我别立法诀，将“己”之真意、元神称为明神。这种分别，将太虚元神视为混沌之神，为先天；将构成“己”之神视为先天而后天、后天而先天的阴阳中和（明即日月交辉，阴阳谐和）之神，理智之神；而将后天不断生发思维意识之神称为识神。但先天元神、中和明神、后天识神这三者，并不是各自截然可分的，而是一个连续体的三端：元神为造人之“己”的始端，明神为成人之“己”的中端，识神为炫人之“己”的末端。若以树比，元神好似树根下土壤之营养，明神好比吸收营养维持保障树生命的树根，识神好似树的干枝和叶子。就树而言，它之所以能顺乎自然生长，就在于元神、明神、识神三者谐调循环，尤其干枝和叶子“识神”部分，能根据营养与根能力与外部自然如阳光、雨露、风雪、季节气候，进行最适合自己生存的信息、能量、物质的交换，该发则发，该藏则藏，故能完成大自然授予它的生命大限。人却往往并不能如此，识神的显示炫耀，总是易于竭尽一切的利己，对外部的一切不是进行公平合理适度的交换，而是欲付少而得多。实际上自然规律与法则又是决不允许这种背理的现象存在，识神的偏激利己同样被溶入规律与法则的因果逻辑之中，识神欲付少而不能付少，由识神强化了的各种贪欲之念为之付出了“神”的生命根本——元神。假设说，太虚先天元神与人的后天之神本是一条相连不断的橡皮筋，它的弹性拉力是先天所规定了的，不超过这个弹性拉力的极限，先后天则始终紧密相连，生命就不会终结。但识神往往是拼命地挣拉这个橡皮筋，致使其弹性拉力超极限而最终断离。挣拉力越大越猛，则断离就越迅速。这就是识神之“己”的私贪之欲所能给生命带来危害的因果报应道理。

炼己，就是要收敛识神偏激利己的行为，像树那样与外部自然保持最合理的交换，顺天、顺物、顺人、顺己，利天、利物、利人、利己，使识神、明神、元神混而为一体。

炼己，最重要的是发现明神并操持明神。因为明神是元神造就人之后唯一能与元神保持性质同一之神。人在后天，识神勃发，明神常蔽而不明。非是明神不明，而是识神老是善于混迹交际场上，不想家中还有高堂在座。只要识神稍肯孝慈，一回头返家，即可见明神。也非是明神不肯明，犹如子女受社会坏风气污染，父母纵是良善之人，看着痛心，不断长叹，他们不听你劝告，又能怎样？故炼己之功，首先好比是现在社会上有了“严打”斗争，识神知道“严打”牵扯到自己的恶迹，弄不好性命难逃，故而逃回家来，明神因势利导加以教训，让识神从此服从于明神管制之下；识神也深知其罪，愿意痛改前非，将功补罪，从此皆按明神吩咐去干事。但识神恶习成性，稍有疏忽便会旧病复发。此因在明神跟前，明神会时时发现，不断训导，识神也就渐收恶习，最终完全归于明神指挥，终而达到识神之行为即是明神之行为，识神明神合而为一。这就是炼己的过程与终极目标。当识神明神合而为一，也就是炼己纯熟。炼己纯熟后，身中之神与太虚之神融而相通，故曰顿悟，故曰直入先天。

炼己的过程艰难而漫长，故古人说“炼己最难”。这其实也是一个渐悟的过程。炼己纯熟，下手便可得药，故古人说“还丹最易”，反映为顿悟之效。

另外还可以认为，渐悟是对事理的思辨理解过程，顿悟是瞬间的灵感彻知。事实上，顿悟是由渐悟积累而来，是由量变到质变，没有渐悟就不能得到顿悟。不讲条件地谈顿悟是引人致盲或自我欺骗。

调心的重要

有的人，上功后即将坐到元气就要产生，然而条件还未十分成熟，可这时他忽然心中生起烦躁，无法久耐。这种情况使他在还未收功时，元气就已经被打散。

以上情况是很可惜的，要知这种得气功夫，需要静之又静，耐之又耐，坐到你筋疲力尽、天花乱坠，周身气血自然踊跃生发起来。这时自己犹如置身于太虚之中，好像自己与太虚浑化，肉体已不存在。又好像身体处在一个大气团中，自己像个作茧的蚕卧眠于中，周围是一层茧状的气圈气壳。

此种坐法即是“山重水复疑无路，柳暗花明又一村”。然而，静久方能耐久，如果心不能静，体不能安，气不能调，莫说不能久耐，即勉强久耐，仍是毫无效果，反而连睡大觉也不如。可见欲久耐静坐，首先得解决调心的问题，心调得好，形、息之调都可以解决。

“真心”解

真心即本心，本心即天地自然生我之心，天地自然生我之心即天地自然之心。此心一个虚无灵明而已。无私无欲，致中致和，有生生之德，具化化之功。妄心即后天人心，后天人心即私欲之心，私欲之心即背道背理之心。真心大公无私，与宇宙同体，故最宽大、最光明；既无私故无欲，所以最安闲、最自在。真心犹如空悬之钟，叩之即应，不叩则归之空寂，故应事“劳而不劳，静而能应”。

真心是真性之子，真命之父。人得真心，性命可保，万事可应。然人落后天，五欲滋生，六门染尘，妄念杂起。私心为用，真心多蒙蔽不见。纵时而一现，人亦不觉。故修道者先要寻得出真心，然后要培养它壮大。但这所谓的培养，即是以真心养真心，不是别有什么培养的妙法。丹诀说“心走即收回”，此“心走”即妄念也。妄念一生即消除，就是“心走即收回”。然而“走”者是妄念，“收回”者是识神，还是后天人心。故而“收回又放下”。“又放下”者，及放下妄念与收回之心也。此两者一放下，即见真心。真心应事出自以安，不过有些劳动，故“用复求安”，以安得安。怕就怕不用则安，一用即生后天人心，不得安也。

真心何能壮大？比如心田有十分，妄念占了十分，便无真心地位。妄念占了九分，真心便得一分地位。总之，妄念减一分，真心便多一分。减妄念便是壮大真心。妄念消除尽净，真心就十分圆满了。人无私心妄念，何处不是清静之地！

“悟”者，“吾心”也。“吾心”者，真心也。天地本无心，以人心之真心为心。大道无形，人身有形，大道以无形之心，寄于人身有形之内，故“吾”之真“心”原可体天道而行。古人“仰观于天，俯察于地”，即真心用事，故能悟出宇宙自然永恒不灭之真理。不见真心，不得悟者，甚为奇有之哉！既得真心，既得悟者，一切皆自然，何奇之有哉!?!

本真之心

可以说，每一个人，当他对事对人的最初，都是处于本真之心的。然而，有人能保持这种本真之心，有人则不能保持这种本真之心。能保持者少，不能保持者多。不能保持者，往往本真之心瞬间闪现，马上又被后天凡心所消灭。比如说为人做一件事，能保持真心者只认为这是应该做的事，做事的始终都不会想到报答什么的。而不能保持真心者，真心发现，使他去做这件好事，而转念他就想到了以后某人会报答他，或者他会因此得到称颂什么的。比如坏人，他们同样有真心。小偷去偷东西，开初心中猛生一虚，这就是真心，知道这事不是好事。杀人凶手举刀杀人最初的一瞬间，也有恻隐之心，知道这是残忍，这一瞬间也是天机勃发。然而一念之差，后天邪念就把天良丧尽了。

所以我认为，人之初性本善，人之后天性本同样善。所谓人有不善，不是本性不善，而是后天被物欲惯诱了的习性不善。如果说恶人都是本性不善，那所有犯罪人也绝对都改造不过来了。既然坏人有改恶从善的可能，说明人的本性天性确是善良的。

生灭与真心

天地生化出人，盖因天地真心所致。天地所以无生灭，就在天地真心长存。人身之所以有生灭，是因为真心在人身有来有去。当初而来，是先天赐予；后来离去，是后天自我作孽将它失去。果能弃其后天凡心，先天真心自回。保持其先天真心不去，自无生灭之患。

了照之心

何为了照之心？所谓了，即将后天知觉念虑一概了结，攘外安内。所以，了即守。所谓照，即心灵光辉普照，是活而非死。故而照即是觉。

人心死，道心活

修炼心性的重要性，仙学视为首务。这功夫炼不好，命功也就失去基础。古人云：人心死，道心活。可见，只有失去后天违背先天规律的人为之心，才能换来先天道心。因为只有道心才能生道。上升到一定意义上讲，人心与道心两者是个敌我矛盾，有敌无我，有我无敌。还可比喻为主客矛盾，有客无主，有主无客。先天就是真我，是主宰我生命的主人。所以，修炼就是要消灭后天不真实、不纯洁的假我、客体，以召唤真我、主人回到我生命的家中来主宰。我在其他文章曾经讲过，修炼心性应当分作两层，一层是平时加强修炼心性，这是修道须打下的基础；另一层是功中临时的修炼心性，以保证功中的入静状态。此两层功夫，前者是后者的保证，后者又是对前者的一种技术性处理，两者在主次关系确定下也是相辅相成的。

去心而无心

修道之难，难就难在去心而无心。而通常情况下，即是一个修性炼心功夫做得相当不错的人，他能守住玄窍，然而最后的毛病就是脱不了这个“守”，一守则堕入执著，不守则流于走失。

对于上述流弊，我以为有两种法子可以用之。

其一，功外之德修之又修，功外欲心洗之又洗，功外尘事淡之又淡、了之又了。这样一来，入功的心神方可臻纯之又纯，静之又静。

其二，下手过程，可试验用各种的调心方法，初用斩锁，次用劝解，继用和合，终归空洞。得一法而后抛一法，只到得最后无法无天。

然此两者必得反复试验、反复修炼，终有所悟所获。我以前从事书画创作，曾有过书画人的经历感受：每当自己创作欲达到一个新的高度过程中，就有无限探索之苦恼。到过一个新的高度后，就有一番“知了知了”、“得矣得矣”的幸福感。然而这幸福感是短暂的，又一个新的高度摆在面前，即又陷入一个新的探索的苦恼之中。艺术创作的升华，就在这不断苦恼，不断克服苦恼，不断获得幸福，又不断陷入苦恼的连锁探索磨炼中前进。最后达到艺术的炉火纯青，那就是一个自然而然、自由自在的境界，也就无所谓苦恼和幸福了，修道的过程又何尝不是如此呢？

无心而忘神

无心而忘神，方可进虚无圈，得玄关窍。说到这种方式，也不是一下手就能得到的。其实开始之初，还得静心守神。不过仅是这还不够，还要知道能于心静神守的基础上再进一步，达到无心而忘神，方可进虚无圈，得玄关窍。这里所说“方可”，指还有背景条件的配合。这背景条件，在外部，即指清静环境，在内部，即指形体的松舒自然和呼吸的胎息状态。我将外部清净环境特别提出，是因为专门的下手功与平日的炼己功不同，平日的炼己功需要在闹中求静，而下手功则必须外部清净无干扰。

得丹不难养丹难

所谓得丹不难养丹难，这是就常人常情而论。若说到本质上，大自然生人，赋予人的就是本真之心，我们练功唯操持住这颗本真之心，那么养丹又有何难呢？其难就在我们在后天生存中，为了满足生理本能的需要，为了满足精神的欢快欲望，生出许多机巧和贪得无厌的杂思邪念，使心灵沾染上污垢。而我们要洗涤这些心灵污垢，返归本真之心，这在常人不立大志，不下决心，却是最难最难，故曰得丹不难养丹难。

养吾恬淡虚无

这一点须悟出道理来。

比方说：修道人在功态中容易认得虚无之气，也容易把握采取，但在功外又怎样去认清楚，去把握采取呢？这就在于养我们恬淡虚无、善良慈祥之心。能恬淡虚无便无私欲，无私欲便无贪求。身外之物，得之不喜，失之不忧。岂知人世间哪有一件货财是真正属于你个人的呢？就是连自己的肉体都还是来自于大自然，而最后还要还归大自然，有什么必然要争“你的”、“我的”呢？何况事物都具两面性，你不争私利，他人社会还之以不争之报，你也便有了本该有的。有善良慈祥之心便能积功立德，能积功立德，心灵就更加净化，更易见本真之心，更易与天心相感相通。

人能有恬淡虚无、慈祥善良之心，就不会与人为仇，而能广结善缘，就不会遭到伤害，在生存困境中常会有人相助。万物通灵，以心换心，这就是修道人天下事皆可为、皆能为的根源。还不说得道人具有特异功能，能为之事必然更多。

调息与安心

调息之法多为守息、数息或守窍，是心神不能入静之情况下的万不得已之方法。如果能心神安静，只须凝神即可。心神不能静，还是当借助调息为妙。

止念的方法和效果

经常要保持一种明觉之心，遇到事情不要一股脑儿地去投入神气，而是冷静下来，微微用意将一点神光觉照于丹田之中，不使气离神，也不使神离气。

看起来我们日常确实在应酬事，而我们却没有用真心去投入。因为无真心去投入，所以我们就没有丢不掉的念虑。这也就是止念的方法和效果。

这里要说明的是，这里所谓的真心是后天情感，而非先天道心。后天情感容易执著于后天事物，所以容易动感情而伤神气。先天道心以万物万事为公，处和，所以不动后天情感，还可养先天神气。

炼心之道

炼心之道，依我之见，最关键的是要将个人之一切放到客观环境中去认识，最辩证地对待自己，把握自己，最现实地面对事物，处理事物。心时时踏实，处处放得下。当然，炼心既为“炼”，当然有个过程。这过程就是必须时时处处从细微事炼起。炼去一分私心，就增添一分公心，炼去一分烦恼心，就增添一分清静心。炼之既久，私欲尽净，天理流行。到时候你自会感受到“天理”在心灵畅流所带来的无比舒愉之乐，那是何等自由自在！

虚心之妙用

虚无者，虚其心，无其我。此中奥妙对于丹道修炼不可估量，不可尽言。为什么心虚能神清，神清故性慧？这可以借助宇宙现象来领会。在宇宙中，虚就是空。但虚态的空是包含一切实的存在的空，而不是死寂顽空。宇宙正因为有了这种虚空，才生就了宇宙的一切。宇宙能生万物，表明宇宙也有心。宇宙的心叫做天心、道心。宇宙这种天心、道心，是由虚空境界所涵养的，它本身并无“宇宙”的执著，所以信息（神）是完美有序的。完美有序的宇宙信息（神）使得宇宙自然的本性显现出十分的机敏聪慧——它使宇宙自然发生如此丰富复杂的演化；它使自然万物相互间如此互根互依、和谐相处；它使宇宙自然如此的永恒不灭。

人是宇宙的一分子，也称为一个小宇宙。小宇宙与大宇宙彼此之间一理相通。人能把宇宙自然生成演化之理，用在自己的修道实践之上，就会获大宇宙同等的效应。人之所以不能者，往往就在不能虚空其心，不能放下自我，因而被个体自私角色所禁锢，故而难逃生灭轮回。果能虚心无我，小宇宙即合于大宇宙，自能成就金丹大药。

应物莫动真心

修道练功的处世妙要是，既要接事应物，又要不动真心。

或许有人说，没有真心去应酬事物，岂不皆是虚心假意，那何谈得上诚信、仁义？

其实不然。

我们不以真心具体直接投入事物，并不是说我们真心不存在，而是这真心正相合于天心，天道。人心合于天心、天道，它就必然是大公的，因而应酬处理事物就会最公正合理。而如果我们事事投入真心，那恰恰是将天心、天道导致个性感情的极端，偏私之见就不可避免，处理事物反而不会公正合理。

譬如说，太阳光照在地球上，万物得以茁壮成长。但太阳光并不是有意要照在地球上，它的光不是有意发的，是自然形成的；它的光是普照在它的周围空间，而不是专为地球而照。你明白了这个道理，你可能再不会歌颂太阳，因为它对你并无真心真情。然而，你若再深刻明白了这个道理，你会更加歌颂太阳。因为它的真心永存，真情普洒，大公无私。如果有一天，太阳对地球偏用真情，像探照灯一样把光集中射向地球，那不但其他空间因失去太阳光照射而顿时暗淡失色，而地球也将顷刻成为灾难。应酬人事之用心，何尝不是如此。不过，应酬人事投入真心所带来的灾难，有时速，有时缓，有时隐，有时显，又加上一般人不愿接受这个理论，他们也就不会去注意它罢了。

升降进退说静心

内丹修炼之中，重浊者下降，轻清者上升，浊者即后天气，清者即先天气。降者非指降至身下，乃消潜也；升者非指升至顶也，乃匀布也。消潜即退也，匀布即进也。退后天气，乃可进先天气。先天气进，一片清明空灵之象，神于其中自清也。神清者，先天神也。能退后天气，后天神亦退，后天神退，先天神现也。神之与气相比，神为将帅，气为兵卒粮草。兵精粮足，将帅乃逞军威，是谓有神。兵弱粮欠，将帅军威难振，是谓无神。凡人精神不振者，气亏气弱也；凡人精神振奋者，气强气盛也。然气有先天后天，先天气强盛者，精神中和而清明，智圆慧通，令人可亲可近，生敬生爱；后天气强盛者，精神粗暴而顽劣，性恶情险，令人既憎又厌，生畏生恶。

进气首务在静心。心静，后天神退，先天神见，后天气退，先天气进。当知终知始。知“终”者，知退后天气也；知“始”者，知进先天气也。也当知此知彼。知“此”者，知静心养神也；知“彼”者，知气进之消息也。唯有静心方可养得神，进得气。故心静为诚一。

而静心之条件，一在知消除神之妄念，一在知次第之法要，知除妄念而不知次第法要，气生而不知采炼搬运诸法，慌张失措，仍不能心静。知此两者，又要驯之又驯，调之又调，久久功纯，方能诚一。故有意追求诚一，反又不能诚一。心如天平，只能在心上两头减砝码，切切不可两头加砝码，此为静心至要。

真意的作用

金丹返还之道，离开了真意是不行的。真意的作用，不但能和合水火金木四象，并且指挥四象在修炼中发挥各自作用。何以见得呢？下面就具体讲一讲四象作用的发挥：

例如属“离”这一卦中的真性为木，真性之木包藏着心神之火，凝神丹田就是以火投入肾精水乡，火发水乡烧而烧之，肾精产出真阳之气，此是肾精之精华，故称水里生金；金生之后，又以真性之木载负金气逆而上升，真性之木汞去而复还，心神之火得金而返，这是火与木发挥的作用。

例如属“坎”这一卦的肾精为水，肾精之水蕴藏着元阳真情之金，神火发水乡，炼精以生真阳之气的金，金随着木逆而上升，经周天运转又归返丹田，此称铅去复回，金得火而为还。

火与金，即神与气也。在先天原为一物，神的载体即气，气的功用即神。落入后天，因感父母之真阴真阳，遂分为二，得父之真阳藏于肾，为气；得母之真阴藏于心，为神。故神合气为火得金而返，气合神为金得火而还。

神与气这相对的金与火要进行返还，所采取的方法与过程，就称为七返九还。这个七返九还，是指神与气要达到若干次的交合，才能合二而一。到合二而一时，那就是金液大丹。人想达到大丹成就，如果没有真意在其间发挥主宰作用，那又能凭什么条件去完成呢？

神与气的返还过程，可举一例比喻：犹如厨师和面，左边一盆水，右边一盆面粉，这厨师一边将水倒入面盆，一边又将面粉倒入水盆，倒得两边水面均匀后，再合为一盆，面入水中，水入面中，水亦非水，面亦非面，倒成了做面条、蒸馒头、烙饼子都行的面料。而真意在其中扮演的就是厨师的角色。

真意的重要，前人已有评价。内丹派南宗祖师张紫阳真人有诗云：“赤龙黑虎各西东，四象交加戊己中。”南朝陶弘景老神仙也有联句说：“龙从火出，青龙变为赤龙；虎向水生，白虎更名黑虎。”这里的“龙虎赤黑”四个字，已概括了四象。而所谓的“交加”，也就是攒簇。而交加或攒簇，都是指真意的作用。修丹之人，想使四象攒簇，必须使五行团聚。例如紫阳真人所说的“戊己中”，这个“中”，既不是离中，也不是坎中，而是中宫之中、中央之中。这个中宫、中央之“中”，指的不是具体位置，而是四大不染的虚空，无内无外之中。这个“戊己中”，就是刀圭。后天坎离相分，犹如东西间隔，唯用刀圭而能合之。而这种合的方式，就是要将坎离析分为四象，再调动四象发挥团结作用，因为真意的始终参与，四象团结到一块了，故而五行也就相聚了。只有五行相聚才可以结丹。

真意既要坐镇中庭，又不能死守中庭

真意既要坐镇中庭主宰真气的运行，又不能死守中庭，还要对真气起督促作用，这岂不是有些矛盾，让人何依何从？其实这并不矛盾，真意是既能坐镇中庭，又可以不死守中庭的。如果把真意比作车轮的轴心，把真气比作车轴，即会知道，轴心永远在中心坐镇，而车轮的运转始终与轴心联系。又比如演武场下，元帅坐在大帐，而他是时刻又在关注指挥督导着操练。这就是真意既要坐镇中庭，又不能死守中庭的比喻。哪里算死守中庭呢？那就好比演武场上千军万马在操练，而元帅坐在中军帐内不闻不问，闭目养神。

真意与戊己

在丹诀中真意的性质于五行属土。真意既然属土，而土又分“戊”与“己”，那不是有两个意么？回答是：说是有两个意也有点是，然而又不是。

为什么？因为说意，那只有一个，而称作土则必须分为两个。以一意分作二意，在于要从两个土上去讲解，在于要从内与外、此与彼上去分别。分别的关键问题，在于清楚动与静的来龙去脉和作用。

原来，戊土即元神，称外药，它是阴中的真阳，以动为主。炼精化气的“取坎”阶段，下手要归于虚极静极阴极。然而静极必动，阴静必生阳动。能在要动时知道动，当然可称为意。我们根据元神的这一特性，在它知动而动之时，称为一土，即戊土。

己土即真意，称内药，它是阳里的真阴，以静为主。炼气化神的“填离”阶段之后，要以安静而温养。而此阶段，气由微而著，由弱而壮，动而不休，然而动极必静，阳极还阴，能在动极时知静而静，当然也是意的真实表现，故称真意。根据真意的这一特性，我们将它在知静而静之时称为一土，即己土。这就是一意分作两意的道理，主要是为了解释两个土才这么分开的。实际上，最后还是要把两个意归成一个意，两个土合为一个土，不再作戊己、内外、彼此之分，就只是一个土存外存内，一个意有动有静。

由此我们可以这样去看一种情况，如己土本属内药，但它也可变为戊土外药。这是因为离如日，坎如月，离日把光照在坎月上，种铅得铅，这时“己”移位到“戊”位上，见到的就只是“戊”而不是“己”，静也入于动中。如戊土本属外药，但它也可以变为己土内药。这是因为坎中满，离中虚的缘故。满为阳，虚为阴，以满阳去补虚阴，种汞得汞，戊填于己位，所以此时只见“己”而不见“戊”，动也合并于静。此两个意合为一个意，就不受彼此、内外两个土的局限了。

老子云：“无名天地之始，有名万物之母。”戊己之有名，是以生成万物而言其名，这是以后天有形之体为参数。在无形的先天之中，戊不为戊，己不为己，原是一神、一气、一精。连这神气精也是勉强名之，实无名之名，无形之形。自先天而后天，有了独立的个体人，此物落入人身便为己。但人身之外此物仍无穷无尽，故言为戊。故真土本一物，因一个躯壳内只包裹了那么一点，与躯壳外而言便为二。既然己合于戊，二仍归一。既二归一，复何言戊己哉！

真意就是人投生的主宰

所谓真意，就是我人投生的主宰，也即虚无恍惚的那一念。此一念，实不好说，它不在天，不在我，不在父母，而又在天、我、父母吻合的那个当口。按我法门之理论，此一念未产生时，即属元气；此一念即生，转化为“我”的角色，即为元神，表现为本能与天良。

意与神的先后天

意与神相连，因属性而分先天与后天：元神主先天之意，识神主后天之意，明神主中天之意。这中天即是先天之后天，后天之先天，也称为太极。

故以太极而论，后天之意为有极，列为四象、五行、八卦之中。先天之意为无极，有中之无，无中之有，包含真阴真阳。然这中天之意，一端接着后天之意，一端连着先天之意。动后天之意，即耗先天之意。后天之意纷呈不止，先天之意则蔽而不见。

后天之意落入八卦为离火，中天之意调节生命为己土，先天之意主宰生命为戊土。后天之意为凡火，先天之意为纯阳，中天之意为真阴真阳。

然而，后天之意也具有两面性，即凡火之中有真阴，真阴即意念上之正念。

丹道中首步功夫，就是先调后天之意中的正念。例如正心、闭目、回光、调息、守田、运用武火等，都是后天之意的作用。而当后天之意消除了凡火，表现为真阴之象，它也就完成使命，归伏于中天之意。

而中天之意，一方面有调训后天之意的功能，一方面又有招摄先天之意的功能，所以它才称为真意。但中天之意的真，是不能脱离先天之意而独立存在的。从这个意义上讲，先天之意才是最真的。

但这里有两个区别概念，即中天之意对于人这个角色化了的生命，它就是真意；而先天之意就主宰宇宙万物的普遍生命而言，在整个宇宙自然中，它就是真意。在黄元吉的丹法论著中，常未将先天元神、先天之意，与中天明神、中天真意划清层次来讲解，常欲将这两者作区分，但又找不到合适的表达方式，故而将这两者也都称为元神和真意，以致在许多地方不能自圆其说，造成读者在这些微妙关键的地方如坠五里雾中。

性命的内外真假

太阳和月亮是天地的精华凝聚而成，它们的光辉上照无穷尽的太空，下照整个地球万物，沿着东西运转，上升下降，你来我往，形成了规律性的寒暑交替和季节周期变化。

太阳纯粹是阳性物质的聚合体，但其中含有一点真阴之精。这一阴精可比喻为青龙、姹女、甲木、水银、金乌、三魂。因阳有放射扩散性，可称为外。

月亮纯粹是阴性物质的聚合体，但其中含有一点真阳之气，这一阳气可比喻为白虎、婴儿、庚金、朱砂、玉兔、七魄。因阴有收容内聚性，可称为内。

人身的造化跟宇宙自然一个样，所以说，人身也有真日月。修道就是在自家身心上做文章。三魂属性，在人身，性的显示就在大脑泥丸宫这个“天边”。七魄属命，在人身，命的体现就在下丹由这个“海底”。性主外，命主内。

内丹修炼一事，很多法诀在理论上都是辩证的，所以这“内外”的含义也不是机械的，只要始终围绕“性命”这两个字做文章就不会错。千万卷丹书，无论怎样变换着说法，不外此义。

性属于神的范畴，是阴；命属于气的范畴，是阳。天地万物不外性命之运动，性命不外以阴阳为显示。故而说：“一阴一阳之谓道。”古往今来数不尽的丹经道书，里面有各式各样的名称，也不过都是“性命”、“阴阳”的别称罢了。

然而，在大道修炼中，对“性命”的认识是有两种不同性质区分的。即，性命有两种：一种是真性命，除了本质，还是本质，永恒不变不灭；一种是假性命，以形式堆砌而成，形式消散即不复存在，是虚幻不定的。对于真假性命的分别与理解，如果得不到真传，那是绝对不会弄明白的。仙家说："人的肉体是重浊的物质构成的，属阴。那么，人身属阳的精华在什么地方呢？我看世人未必知道。"又有一种说法说："人身的营养精华大约要数涕、唾、精、津、气、血、液这七种灵物了，但这七种灵物也是属阴的东西。"上面所说的阴，都是指后天有形质的、实际属于渣滓的浊阴，并不是真阴。真阴与真阳是相对并存的。既然不能领略到真阴的存在，又怎么会领略得到真阳的存在？现在的很多学道者，不但不可能体知真阳，当然更不可能体知真阴。他若能体知真阴，也必定能体知真阳。这些事，对未入门者来说，不遇上有过来经验的明师，那是不能故乱猜度的。

性命神气与丹药

一个生命体的构成，来自于原性原命的偶合。原性原命由于和天道相通的关系，性与命都是可以得到补足的。一个婴儿从出生到他身心发育成熟，就说明了这一现象。但我们所说，性含规律、法则，命承规律、法则，其规律、法则均有正背与本末两面。角色化、个体化了的生命，在无法和不能理智认识这种正背、本来循环规律、法则的情况下，就会不自觉地顺应这种规律、法则，由正转背，由本至末。当性命发展到旺盛的时候，不自觉地与天道正、本性命渐渐脱离关系，甚或加速脱离关系，这就是一个人生命衰亡或过早衰亡的根本原因。而修道者则是以理智认清了这种正背、本末循环规律、法则，自觉地去把握住它，居正则不向背，守本而不逐末，始终于天道正、本性命紧密联系，居无极而太极，而不落有极，所以就能不衰不亡。

就一个角色化了的个体人来说，神以其信息主宰着生命，气以其能量滋养着生命。神气两者对于生命，神显示自私特征，气则表现公有特征。有了神的自私，就有可能将公有的气召摄积聚于角色化了的个体生命中来。从这个意义上讲，神为内丹之药，神的圆满即为内丹成就；气为外丹之药，气的壮旺即为外丹成就。神以内合外，得气滋补以圆满；气以外入内，受神召摄以壮旺。到神气不分，内外合一，聚之又聚，足以成为原生命将发生超质变化的新基因性命体时，就称为大丹成就了。

气质之性与本真之性之区别

气质之性即是后天因识见而形成的偏执之性，具有角色化，称个性，所以不同的人会有不同的气质之性；本真之性即先天不因识见障碍而保持的中和之性，超角色，称共性，这个共性只有人们在婴幼少儿时期是相同的，成人之后只有经过修道才能找回。

“性要悟”

“性要悟”者，是指去除后天私欲气质之性，洞彻先天虚灵圆明本性的一个全过程。有修、有养、有炼、有见，全在个人悟中所得。虽然在一些原则性上，可以通过书本或者老师去指导，但具体操作方法系别人无法示范指导，只能自悟、自行、自得。比如说“清心寡欲”，怎样清心，怎样寡欲？比如说“放心”，心怎么放？比如说“积功累德”，怎样积功，怎样累德？这都没有现存的例子。特别是“明心见性”的功夫，言语道断，全在自悟。故此可以说，性功功夫如何，是检验修炼境界与成果高低的试金石。不能明心，不能见性，即便命功修为效果很高，也只算得是个愚仙，不得圆道大智慧，不得最后究竟。

淫妄之情与天真之情

凡人皆有情，但从与性欲有关的情上分析，情分先天与后天之不同。后天情为淫妄之情，先天情为天真之情。淫妄之情即后天识见被色相勾动引发的欲情，天真之情即发之自然天然的真情实感。例如男女之间，爱美而不生淫心，为之真情；爱美而生淫欲，为之妄情。

内丹修炼话“龙虎”

内丹修炼的法诀常常提到“龙虎”，可见它在内丹修炼中地位和意义都是至关重要的。

“龙”，指人的性。此性在先天称天性，以卦表示为乾卦，三阳爻；落入后天为识性，先天三阳中失去一阳，成为离卦，外阳内阴。性动则神出。“虎”，指人的情。此情在先天称真情，以卦表示为坤卦，三阴爻；落入后天为欲情，先天三阴中得一阳，成为坎卦，外阴内阳。情动则精耗。

先天之性落入后天之人，表现出个体角色特征，具有自我意识，故称为“我”。因为“我”这个性自先天而后天都是看不见摸不着，然而又可发挥实实在在的作用，可谓隐显莫测，故比状为“龙”。而此“龙”既能保持先天，又可能化为后天，由先天到后天只是一念之间的事，如同电源开关。一念生即关开，落入后天；一念不生即关闭，归于先天。故而在这临界点上就称为玄关。玄之又玄，众妙之门也。

先天之情落入后天之人，从人的自我意识而言，它却不具有个体角色特征，它可以为我所有，也可以不为我所有；它可以受我感召而来，也可以受我排泄而去，故称为“彼”。这个“彼”，如果我调训得好，它可以为我生命造福；而如果调训不好，它就会伤害我的生命。以此利害关系而比喻，“彼”就像虎。情、彼、虎指的都是元精。我之有生命，就赖此元精养育。但元精也是精微之物，不可视见，能来能去，得失于不觉之间。

入玄关即名得玄牝。玄牝者，玄，玄妙不测也；牝，母性也。能使“龙”入玄关，就可使“虎”呈玄牝，无中生有，元精自现。

像龙一样的性，由于属阳属火的特性，易动。故先天性容易转化为后天性，并有可能向后天的极端发展，成为邪思、淫念、贪欲的邪火，从而损害天性。从卦象讲，龙属离卦，外阳内阴。以后天识性而言，主后天而动的是外阳，中有一阴，乃是真阴元神，又称真阴之水。外阳动如同火焰燃烧，所消耗者则是真阴之水，火旺则水涸。所以修炼之人就是不让这条龙动淫荡欲，为的就是不使真阴之水耗泄。若以文字游戏来打趣，“淫”表示后天识性，水易流失。而我们修炼，是将此“水”保存起来，不使之流失。保存的方法就是以土来蓄水。土，在五行中属中黄正位，比喻人的心理状态，它就是真意，或称明神，是一种中和、理智、灵明的无念之念，混而为“一”。添“一”加“土”是个“王”字。把“淫”字的“水”旁去掉（表示蓄藏起来），加上“王”旁，就成了“瑶”字（按：其实这个字的拆合只是大体上像，结构并不准确）。瑶是美玉，美玉是大地之精华所凝结合成之物，温润晶莹，内丹术用它比喻炼性养性的成果，称作玉液至宝，叫做玉液小还丹。这一成果既是心理状态自律的成就，也有生理上的体感证验：脑清神明，口中津液涌生不断，身心无比爽怡。

像虎一样的情，由于属阴属水的特性，易沉易流。故先天情容易转化为后天情，并有可能向后天的极端发展，成为阴精、浊精、凡精的淫水，从而亏耗天命。从卦象讲，虎属坎卦，外阴内阳。以后天欲情而言，主后天而沉流的是外阴，中有一阳，乃是真阳元气，又称元阳之火。外阴沉流如同蜡烛流泪，所流失者则是元阳之火，水尽则火灭。所以修炼之人就是不让这只虎贪吃恶夺，为的就是不使元阳之气亏损。若以文字游戏来打趣，“火”表示元阳，而元阳易被后天浊水裹卷流失。而我们修炼，是要将此元阳之火由浊水中提炼出来，不使之流失。提炼的方法就是使之炼化成气，进而还精补脑，化气合神。“火”旁加“柬”成“炼”。而这个“柬”状似“东”，我们可以将它视为东方甲乙木。木可生火，实为真性之火。在生理上，肾是藏精水之所，以真性之火烧炼肾精，就可化出元阳真气，丹法上称为水中生金。这个“金”运之我身，养之我身，就可使我们的生命永生不息，所以丹家称它为金液至宝。

金与玉都是自然精华所凝聚，但玉可以被损坏，在高温下还可以被烧化；而金子则是越炼越纯、永垂不朽的。故金比玉的坚固性永久性更高。故丹家先得玉液还丹后，还必须得向上做功夫，经过七返九还，完成金液大还丹，才算实现了根本性筑基目标。所以，获得元阳真气是最为重要的。而为获得元阳真气则必须制止元精不流失，这才是关键之关键。因为人的欲情易生，好比老虎张口露牙，消人魂，亡人胆，残杀生命。故而修炼之士就要掌握伏虎的法子，把虎变成无中的真有，有中的真无。这法子无它，就是用真性恋真情，真神合真气，术语叫做龙虎风云会，又叫龙虎交媾。反过来讲，获得元阳真气固然重要，但若无真性之火的烧炼和混合，元阳真气既不可生，也不会合。而真性往往会被识性这条淫龙所乱。所以修炼人要有降龙之法，如同哪吒用的一个金刚圈才能把龙降住。这个金刚圈就是真意明神。真意明神既不是无极态的先天元神，也不是有极态的后天识神，它居于先天之后天、后天之先天的太极之位，不偏不倚，不醒不昧，不忘不助。只有太极态的真意明神才是降龙伏虎的上帝和不二法门。

人心性的公与私

人的心性有公与私的分别，也即先天与后天的分别。人在未生前，心性属先天，是自然公物，就像一袋面粉，可做馒头，可压面条，可熬稀粥。对于面粉，做什么都行，任你去做，它却无所谓，这就是它的无私性。因为无私，故而无事。人在形成后，心性落入后天，从此便具有个性特征。为了维护维持个性特征的存在，先天的公便成为后天的私。因为有私，故而有事。婴儿在母腹受孕，虽然不会思考，不会说话，却有了本能吸收能量营养的个性功能，这就是后天最初的私事。婴儿掉下地，便要吃奶，后天第一私欲便表现出来。心性的公与私就人生命而言，要处于一个“中”态，即太极态，就有利于生命久存。若偏于一端，即有极态，特别偏于后天自私一端，向有极极化，就会伤耗人的生命，使人的生命过早夭折。

识神不动显真意　真意内守出真觉

无心忽觉的真觉，是明神在静态之下被元神偶感的现象；一心内守的真意，是明神被元神偶感后，识神又紧紧贴伏于明神现象。所以这里有个逻辑，那就是，识神不动归伏明神就显真意，真意内守静招元神即出真觉。

识神的功用

实际上，说到底，丹道也离不开识神。例如我们要将自己归于虚无，要清除识神，要驾驭采炼时机，这一切都还是识神的功用，只不过这种功用是不用之用而已。又恍惚之中真觉出现，如果没有识神感知，又岂能知道是真觉。所以我要告诉炼丹人，即便是最上乘丹法，识神也不是被消灭掉了的，而只能是存而不用，且伴随始终。到得修成正果，发挥神通指令作用的，仍然是识神。不过这时的识神，是主观相同于客观的识神，早已不同于常人之识神而已。

如果有人错误地理解，丹道修炼是消灭掉识神，那将是大错特错。其实前代丹家大多从理论上搞错这个重大问题。当然也不排除他们知而不宣，但迷惑了代代人而造成误解，确是事实。试想，人是万物之灵，这个区别就在于人的识神高于其他万物。而修成正果的仙家，却正在于识神的聪慧高于常人。如果修炼丹道果要消灭掉识神，那么世上痴呆傻瓜识神低下甚至丧失识神者，岂不是最具修仙的先决条件？低等动物岂不也具天资天分？然而谁能见一傻呆之人和低等动物能事修炼？此理甚明，望向道之人深思！

元神、明神是两码事

元神、明神是两码事：在内丹修炼中，元神是药引子，明神是炼药的人。有些人将元神、明神的概念混淆，以致练功中不知怎么个用法；有些人则不知明神，一味守元神，终久无用；有些人则以为消除识神，就只有一个元神，空罔而守，同样终无所得。所以炼丹之事，理不明即道不真，学道之人可不慎之又慎乎！

识人品与修人品

张三丰在《天口篇》《人品篇》中告诫人们说，我们所处的社会情况是很复杂的，善与恶、良与劣、贤与我往往从表面上很难区分出来，有些从表面上看起来很相似的人和事，其内在的本质往往并不相同。所以，看待事物非要细心观察，摆脱主观臆断才能把握得住实质。正因为如此，所以我们对一些拿不准的人与事不要轻易人云亦云地下判断，特别是不要光去看别人的过错，认为自己完美无缺；轻视别人，看重自己；不体谅别人，光为自己着想。能处处辩证地对待他人和自我，那么，圣贤的精神就在自己身上体现出来了。为此他还列举了许多种生性各异而被世俗人难以识别的高人，以说明识人与修人的不易。

此《人品篇》对我启发有两方面。一者，同样是好人、正直善良人，甚至大贤人、大学问家，但他们各自的行为表现方式却不尽相同，甚至差别很大，有的要么令人看起来很怪异，不近常情；有的要么令人看起来平凡无奇，甚至俗不可耐。比如八仙，同是仙家，性格各不相同：吕洞宾儒雅温尔，风流倜傥；铁拐李玩世不恭，龌龊邋遢；蓝采和英俊潇洒，优游自得；何仙姑温柔和亲，热情近人；曹国舅醇厚朴实，德高望重；钟离权道气横秋，脱凡离尘；韩湘子敏灵异常，骇俗惊世；张果老仙风卓绝，入妙出奇。特别是一些大道者，如张三丰，他们往往不是显得异常怪异——如张三丰在武当山故装疯汉，不修边幅，被人称为张邋遢；就是平凡无奇——又如张三丰在武当山跟山民结亲家，做庄稼，还混在修建武当山的民工队伍里。这些事例告诉我们，在我们生活的现实社会当中，也许就有许多高人处于当中，我们如果对人心存轻漫，我们或许就错过道缘，错过受师指教的机会。何况，连我们自己都不过是人之一员，除了“众生平等”之外，我们有何高人一等的资格去轻薄他人呢？两者，纵然大家都是平常的人，各有不同的生性脾气，但尺有所短，寸有所长，我们应多看他人之长处，少看他人的短处。反过来，多看自己的短处，少看自己的长处。如此一来，别人的长处都被我学来了，自己的短处又不断减少了，自然就提高了自己的道德修养。这一过程就是超凡入圣的过程，超得一寸凡，便入一寸圣；超得十寸凡，便入十寸圣。无凡即全圣。所以，一个圣人贤人，绝非天生下来就是圣人贤人，纵然他天资绝顶聪明，他也必须经修为而成圣贤。而且这修为的过程不是熟读几车圣贤的经典就自然成就，而是要在社会的现实当中从大大小小、一件一件事中去修。我之修道过程使我体会良深，这过程犹如檐雨滴缸，是滴滴相加，日久方满。我常言，今日学生读书，考试是六十分即及格，八九十分很不错，可以升级。而修道阶阶级级都要一百分，少一分即不可升阶升级。修道与说道完全是两码事，说道论道是空谈家的事，与己或许无关；修道则是实践家的事，与己丝丝相扣。空谈家说道论道，总与自家性命无关，脱不了酒色财气，超不了生老病死。实践家入道修道，要修出清静心、无为心，要修出寿者相、仙家相。

人之品质有先天后天之分。论先天人人皆有，“人之初，性本善”，然人于后天沦入尘垢，多有先天污染蒙昧。欲返纯洁良善之先天，必当修为而得。然亦有先天未经污染者，虽行为不同，但良善发于心。而世人中，有先天本真直露者，有后天勉强修为之，有后天蒙昧污染而不觉者，真真假假，假假真真，好中有坏，坏中有好，故修道必以理念理智去对待一切，勿以恶小而为之，勿以善小而不为，时时识人品，处处修人品，近道自不远矣！

说“欲”

天道造人，赋予人以自主意识之初，是让人能够最佳的，并作为万物的表率来顺应自然，甚至代表自然。人之所以发生违背自然“动至死地”的现象，这是人错用天意的后果。错的根子就是欲。

从自然哲学上分析，欲的产生，是物质个性膨胀的现象。物质为什么会发生个性膨胀呢？因为宇宙自然所构造的物质，当其有了角色性个体的区别后，角色性个体都具有强化个体、扩大个体的本能，这本能就是它们的斥力和吸力。在非生命世界里，各种物质的斥力和吸力是被互相制约限定的。它们以“先天”限定性而保持着彼此的势均力敌，构成了宏观的和谐自然。在生命世界里，物质化的生命个体其斥力和吸力虽然也同样被受到生命物群体间的互相制约，而有所限定，但生命物之间相比较，越是智慧高（即自主意识强），越是空间活动范围（以维度计）大，其斥力和吸力就有可能因为强化个体、扩大个体的本能所致，和受到外物的刺激而发生膨胀。膨胀的急剧性，可能会使该生命物或该生命物集团在短时期内确能得到强化和占有扩大，但同时会因为斥力吸力的能量信息高耗而形成内部的弱空。再加上，个体膨胀的急剧性，会使外部受斥受吸对象反馈于同量或超量的斥力和吸力，这就能使该生命物或该生命物集团很快由内部发生坍塌而归于毁灭。在地球上，一个物种的灭绝，一个种族的灭绝，一个政治集团的灭绝，一个社会帮团的灭绝，一个个人的夭亡，除了极特殊属于偶然的非正常因果原因（比如自然灾变等），概莫能逃出这种因果关系。当然，对于个体人，有时因果关系会发生滞后效应，比如老子犯罪而生前未受到惩罚，轮到儿子却受到惩罚。这从生物的遗传关系上来看，却是个体的延续现象。正所谓：祖上有殃，殃尽则昌；祖上有德，德尽才灭。

人是万物之灵。人贵生。所以，在人来看，除了人之外，其他生命非生命物有欲无欲，早死晚死，都不重要；而人早死却是不应该的。因而，人因贪欲“动至死地”也是不应该的。人能发现自然世界所以和谐共存的奥秘与本质，人就应该主动去追求这一和谐的本质，把自主意识用到合道的尺度上。我，与天和谐，与地和谐，与物和谐，与人和谐。既保持和谐，我就没有损耗，只有蕴蓄，自然能够长生不死。非不能死，只因为没有致死的因素，无法死。非但无法死，又因为主观能动地创造了生命的再生新始点，天道就以玄之又玄的功能，创造出生命的超原质现象，即仙真现象。

何谓魔境

所谓魔境，丹经往往指在阳神出壳之前，所见的种种奇幻现象。魔境概属自家未灭的阴神所构造，此与梦境有些相似。又指幼嫩的阳神出壳后，经受不住外物的诱惑，又导致神失气散。其实练功的初期也出现魔境，这与人体中气的生发造成的特异感受，以及人体遗传信息、潜藏信息、功能信息的显现或交叉显现有关。魔境其实无魔，是人不识其详错判错识错待错用所致，知理明法，清静其心，魔境自除。

谈 阴 魔

古人谈阴魔与对待阴魔，态度无疑是正确的。但他们对阴魔的认识，既有科学分析的一面，如认为出于自家的阴神变化，属自我精神范畴之内的事。但也有迷信的一面，如认为有阴性世界的鬼神，或者狐蛇之类的动物修炼而成妖神鬼仙。而这些阴性世界的生灵又总是凶险恶毒的，它们不做好事，也不许人做好事，特别对于修炼大道，它们非要阻挠不可。所谓迷信，是指某种事物事实属于甲相，而某些人并未见到该甲相，而是凭并不准确的听闻，再经自己的思维加工塑造，而定为乙相。这种乙相，经过某一具有影响的人物扩散，便使多数人深信不疑。

其实凡属迷信，从理论上剖析，它们是难以站住脚的。比如，我们应当接受宇宙自然有无限生命层次和生命形式的可能性，那么我们也可以接受有阴性世界存在的可能。但阴性世界却不应该全是人死去之后的灵魂，和狐仙蛇怪之类所组成。因为，如果人的灵魂有可能独立存在而一般不可能独立存在，那么人的死亡大多应是肉体和灵魂的一同报废。只有突发性死亡者——肉体突然报废，不能寄托灵魂，这灵魂才被迫独立存在。而这在总人数中却是极少的，不足组成一个生灵世界。所以，阴性世界尚应是迷信解释之外的一个隐性生灵世界。

按自然常理而论，生命无论存在多少种层次与形式，决不会存在某一层次生命非常善良，而某一层次生命非常险恶这类情况。非要用善恶观来衡量的话，可以说，每个生命层次内，大多数为善，极少数为恶。故而，阴性世界并非是恐怖险恶世界，人类生存的“阳间”也并非没有坏人。狐蛇之类的动物，并非都是坏动物，它们也没有理由与人为敌，加害于人。把它们视为邪恶，乃是人“以貌取人”所致，完全是心理作用。

故而，修道出现阴魔，主要还是修道者自家心上之魔。心魔一断，百魔即除。

“和光同俗”一得

丹道修炼不比做其他事，做了人能看见，它是功夫做在身心之内，一切征验也在身心之内，别人是看不见的。就说性功是修在身外，但其要求行阴功积阴德，既要为人做好事也要让人不易觉察，自以为自然而平常。

当然，丹道的效益，养生是其重要方面，但这个效益往往是漫长的。例如，你原有病，但病轻，通过修炼短期被治愈。但对常人来说，这不足以证明就是修炼之大妙。因为常人有轻病甚至不医治也自愈了的。若你有疑难之症，即使修炼也不可能短期治愈，自然你也没有理由轻易炫耀。若说修有返老还童之效，那你必须活到老年，与同龄人相比，生理还童现象明显，或者到年纪大于常人中寿星的年纪，才具有资格说话。除此，至于你在练功中身中有任何千变万化的奇异征验，这都是摸不着看不见、摆不到人面前的事。故你说给不练功的常人，通常是不能引起别人的相信。因为社会上历来有旁门左道利用各种方术、骗术来骗人，鱼目混珠，若把不易让人识别的丹道征验轻易述说于人，还容易遭人诽谤嘲叽。再说，修炼是个人的事，除非有三五知音道友，在修炼实践中可以交流心得体会，有益于纠正错误，促进修炼。除此，向别人轻易述说则无任何益处，反而招致一些不必要的麻烦。再说，凡爱在人前显露卖弄者，也表明其炼已不纯。此心若不纠正，入道难矣。

捷径与弯路

修性的功夫，平时性修得好，入功便能神清气爽，功夫势如破竹，直乘上道。而平时性功修得差，那就要在功中多磨炼，一个阶段一个阶段地慢慢跨越。这就是捷径与弯路的差别。

急功近利的现代修道人

以前人修道，都是老老实实、一步一步认真去做，只问乎耕耘，不问乎收获。哪像现在的人，都想速效，以期望在最短的时间里成就无上之大道。或者刚刚做了一二个月的功夫，不见长进，以为老师传的不是真道，就耐不得心再做了。再不就是，自己吃不了苦，倒以为大道功夫是神仙家们的至宝，不肯轻传于人，自恨自己无缘，不得真师点化。他们以为，只要有真师点化，照你天灵盖拍一巴掌，你就得了大道，何须吃苦练功呢！所以他们就自己欺骗自己，坐不了三分钟便起身，站不了三分钟便走动，想起来了就手脚比划一下，懒了再也不做。你要问他练功是不是应该吃苦，他却说“大道至简至易”，何必吃苦费劲去练。这些人于是便一直在功夫的门外站着。但他们有一点值得赞扬，因为他们是道的鼓吹家，对弘扬大道有不可等闲视之的宣传作用。

坚心修道得道，仙真会暗中护佑吗

此事信则有，不信则无。若以信则有而言，神通灵，道心相感，向道之人生出道心，得道之人便能测知道心，利用高能信息为之带功实有可能。若以不信则无而言，既无诚信之心，便无道心，又怎得道心之感？但这个信心，又不可寄托于得道高真护佑之上，若将信心变为依赖之心，又非道心，仍是后天思虑杂念，想得仙真护佑难也。道家云：我命在我不在天。我若能洞见天心，持之不失，大道即得，何用仙真护佑！我之修道，将生死都已置之度外，还有何求？如此具心向道，方为坚实之步。

立功立德与弃功弃德

仙学实践既要立功立德，也同样要弃功弃德。这种观念是站在超然物外的大道上来讲的。黄元吉在《乐育堂语录》中，就有对于才智聪明、立功立德、慈悲济世的批判，读者尤须明白深刻的内涵。

修炼大道，一方面说必须立功立德，一方面又瞧不起立功立德，岂不自相矛盾吗？其实并不自相矛盾，它们不过是修道的过程与境界显示。

立功立德，是得道前期必须积累的功外实践，它是为向道修道奠定心灵和行为基础。但修道又是切身的修炼功夫，靠功态境界一分一秒，一日一时的艰辛积累。立功立德并不能代替后者实践。所以，修功德与做功夫不能混同。

再从境界上讲，大道是混同宇宙自然，所以它超越人类社会仁义道德观念之上，认为人类社会的仁义道德观念存在功利主义的价值倾向。而仙道修炼家虽然初期要借助这种价值倾向作为炼心手段，但最终必要超越它。因为有价值判断心理，性就不能虚空灵明，就无法见到本真之心，因而不能得道。而得道之后，就比如原来追求阳光，有价值判断，现在自己就是阳光，还需要什么价值判断呢?

所以，追求道时要立功立德，修功夫中却要排除任何功德之心，使自己成就为道德的本身。这关系是很辩证的。因而，仙学的人生观不是消极的，而是更超越的积极。

练功下手要在动处修炼

练功人不要专在僻静处修炼，专于静处修炼者是回避矛盾，然而终归躲不过矛盾，反受矛盾所害。而修炼者一开始就不脱离社会生活，甚而积极参与社会生活，这是正视矛盾、处理矛盾、解决矛盾，从而从矛盾中解脱为无矛盾，所以能最终逃出矛盾，得到真正超脱，受益无穷。

脱离社会专事修炼只能成小果

古往今来，一些人说到丹道修炼，想到的就是出家，就是到深山老林。岂知这种脱离社会现实生活专事修炼的人，即或修炼得好，也只成得小果而已。之所以只成得小果，是因为他们的心性没有能够从根本上予以修炼。比如说某人以前是个强盗，他现在决心不再作强盗，而去修道，但他专事静修的心灵只能属于顽空。因为他的心灵并没真正得到解脱，而只是一种回避。这种情况，纵然日后修出一些功夫，而到人世中去，最终还是经不起考验，有前功尽弃之必然。反之，如果他当时具有忏悔之心，就在人世间以立大功大德来痛改前非而赎罪，等到所立功德足可以消除他的罪恶，并且功远远大于过时，世人反而只记得其功，忘记其过，而自己心中也有无愧无歉于天地人的时候，这种心性，才可以是历劫不坏，与天地共存。到时经明师指点道窍，很快就能修得上道。所以古代具有远见卓识的修炼家们。不是要人逃避生活现实去修道，反而要修道人积极参与人生，并响亮提出“大修在闹市”的口号。

我们每见丹经无一不对“红尘”、“凡俗”提出批判，若认为这种批判完全都是鼓励人逃避人生而出家，那则是误解。当然某此宗教门中的教主，确也竭力鼓动信徒出家。但总的来说，他们对“红尘”、“凡俗”的批判，是针对人世庸俗和邪恶的一面，而不是全部。反之，试观历代佛道的大修炼家，都是于人世所立大功大德者，不过立功立德的隐显方式不同。再者，自古以来，凡对社会做出巨大贡献的人物，死后也被宗教列为神灵崇拜，这从本质而言，都不是让人逃避人生生活现实，而是提倡和体现出积极的人生观。

其实说到出家，在一个宗教团体内生活，仍然是社会生活的一个局部，职业宗教徒并不能与“红尘”完全割断。不过在这里，有一种专门教育和接受严厉考验的方式，那就是种种的宗教科仪和戒律。但修炼家们认为，宗教徒出家，接受的考验侧重于他律，这不能彻底保证心性的本真不变；而修道者积极参与社会，经受的考验来自于自律，能够保证心性的本真不变。再借用科学观点而论，人能在社会中立大功大德，就会获得来自方方面面的良性信息反馈，也即宗教所说天地神鬼的佑助，它有助于加速修道的进程。故而，小果大果之分，其意义也就在此。

练功人动怒伤害重于常人

人一动怒就会伤害自己的身体，这个情况人人都很清楚。但若拿一个常人与练功人相比，练功特别有素的人，若动起怒来，其伤害身体的严重性大大超过常人。这是什么道理呢？

我们知道，凡是人的七情六欲都属后天的情感表现。后天的情感活动动用的是后天之神，内丹术称之为后天凡火。但人的先后天神和先后天气都是相互联系着的，先天占主导地位时，先天神气称为先天真火，就主宰生命，养育生命；而后天神气占主导地位时，后天神气的活动就会消耗甚或伤害于先天神气，后果其实是伤害于自己的生命。

把先后天神和先后天气相互联系，并以伤害身体的情况打个比方：后天凡火就像引爆的导火线，先天真火就是炸药。未练功和功夫浅的人，先天真火的“炸药”量小质劣，或者瞎火不爆炸，或者爆炸力极差；而功夫深的人先天真火的“炸药”量大质优，一引爆，其爆炸力就强劲无比。而我们身体就像被爆破物，爆炸力越大，对我们的摧残伤害就越大。

偏见偏执的惨痛事例

修道练功是断不能持偏见偏执的，若持偏见偏执，必将误己误人，尤恐误己最重。笔者于此感慨良多，不免回忆起一段惨痛事例：

我多年前有一道友，悟性尤胜于我。当年我们一同探寻修炼之道，起先有十年，我们互相研讨甚是投机，大约都是高举“拿来主义”之大旗，不拘门派，凡有道理者皆为我用。可是到了后来，我们渐渐也便分道而扬镳，各走向自己选择的修炼之道（除修炼之外，我们仍是亲密朋友）。为什么？就在于我们各自修炼从观念上出现分歧：我友从开始钻研上《道德经》以后，就认为一个彻头彻尾的“无为”，便可解决修炼至道的全部理法，并且把历代丹经介绍的神气相交、河车搬运、火候调节等，统通视为“误入歧途”的“有为”之为，从此不予尊重，反大加批判。我则认为。《道德经》固然是大道至理，但它只是宏观之理，并不能完全代替修炼中具体细微的步骤方法。尤其在《道德经》里，“无为”与“有为”，这是一个很辨证的观念：“无为”只是指无违背客观的主观作为，“有为”应是遵循客观的主动行为，故而道家正脉的丹经所讲的丹道之法，有为无为相互为用，是前人实践经验的结晶，不尚空谈，步步可供验证，也是对《道德经》理论的正确运用与发挥。所以我将《道德经》作为宏观的理来指导修炼，且以丹经有为无为相互为用之法来指导步步的实修。多年来，我曾就一些修炼中疑难问题请教过十数位武当老道长，虽未尽得真言，却也茅塞多通。而我之朋友则认为这些解答皆为宗教滥语，而嗤之以鼻。

朋友自此走向固执，使我们在理论上几乎没有交流的余地。例如，我们都写文章，他的文章我都要看，以便分析何对何错；而我之文章他从来不看。在他以为，他已经见到了道的汪洋大海，当然用不着再见小泉细流。莫说我之文章，就是各类气功养生报刊、典籍、论著，他连沾都懒沾。他本来早年是个多病之人，当初十年练功，由于不执偏见，身体日渐康健。后来他固执在实际走上偏守阴神的路子，连任何动功也不练，甚至把所有动功方法包括太极拳，都认为是不能道法自然的有为之作，致使每逢季节天气变化，他身体极度不适，于是便卧床拒食，更拒绝任何药物治疗。我深知他钻入死胡同。试想，修炼的功夫应该是步步祛病，怎么动辄就身体难受呢？而他还认为这都是过大关，故天气变化而身体有敏感反应，这是天人合一的直觉感受。我替他可悲，他连最初的筑基功夫尚未能领略，何谈过什么大关？这明明是疾病又卷土重来愈见厉害罢了。

固执偏见到底害了他，1995年10月，我友突感病痛加身非似吉祥，从此一卧不起。一日我去看他，见此情状，不得不将多年心中郁积吐出。我说："你这多年走错了修炼的路子，不然何致如今！"他苍凉地回答："近来我又翻阅了些丹经，知道错就错在没有采药炼丹。我炼性也不纯。"

当然，他修炼上的错误岂在一个采药上！又何况仅守阴神，又不将人的固有后天性情放在社会生活中去磨炼改造，炼性不纯当是必然。炼性既不纯，欲断绝外呼吸而进入胎呼吸又不可能。试想此何能有真药可产、可采呢？

当我写这段文字时，朋友他已经不在人世，我怎样评论他，他都不能再表示什么赞同或反对了。我不能埋没他道德人品的高尚之处，也不能抹杀他严谨的治学态度，然而我要严肃批判他的，就是他那先以主观臆断构筑一个"真理"框架，然后把前人的东西按自己的需要往里安装，把固执视为对真理的坚持，把偏见视为对非真理的摒弃。他不该早去而早去，这不应该是丹道修炼界的一鸣警钟吗？

好在我的这朋友，最终，我该说的也都说了，他也明白错在哪里。尽管回天无力，他总算明白地离别人世。而最担心那些比我这朋友更固执更偏见的人，一错到底，至死不醒，那才更为可悲。

然而，我这般高谈阔论，也并不能表示我就是当之无愧的替天行道者。

我之一贯主张即是：坚持真理，随时修正错误。例如我之文章，都只代表我写文章时的阶段认识。以后反观起来，对的，我将继续坚持；错的，我将加以改正。

功夫是实证而非吹牛

古人有这种不知天高地厚的人，今天仍有这种不知天高地厚的人：他们还没练上几天功，就大谈什么炼精化气、炼气化神之经验。只把一个艰巨复杂的修炼工程，理解得如同吹糖人儿的玩戏一般。

岂知修道之人，下手当初，先得有一番身心修补工程。身之修补有动功易筋之法，动功易筋还有对症与整体之法。除此有条件可还用药疗、食补之辅助法；心之修补有洗心修德之法。到得身体康复健旺，心灵纯洁美善，才能逐步进入筑基之功。筑基之功的完成，虽说尚是修道之小乘，然也能成就金刚不坏之体，永无疾病，不畏寒暑，堪入人仙之列。此等小乘得之者也不易，能得者也不多。

门既未及，却无知狂言，岂不是井底之蛙么！

三 天人一贯篇

宇宙演化“阴阳五子说”

(一) 阴阳五子说概论

这里我用的“阴阳五子”理论，是我自己设计的，是我对宇宙演化现象的推理与假设，它的学说是建立在传统的阴阳太极理论基础之上，在内丹修炼法诀中，具有至关重要的运用地位。至于和现代科学是否有实质联系，是否吻合，有待科学家们去研究分析。而在我个人看来，它只要有利于合理解释宇宙演化现象，有利于为大道修炼服务就行了。

前几年看过一本《我是谁》的书，书中“物质论”认为，宇宙总物质等于阴性虚物质加阳性实物质。这里，笼统的物质概念混淆了先天与后天的区别。正因为如此，既不能合理解释宇宙演化现象，也有悖于传统理论。

根据古代道家圣哲无极、太极、有极的“三极”和“阴阳五行”理论，又根据万事万物莫不从无到有、由有归无的自然循环演化现象，我体悟出，宇宙演化是由“阴阳五子”造成的。何谓“阴阳五子”？即原始因子（以下简称原子，但此原子的名称与现代物理学概念的原子无关）、阴子、阳子、媒子、变子。此“五子”，原子属无极，属先天；阴子、阳子、媒子属太极，属先天之后天，后天之先天；变子则属有极，属后天。见下图：

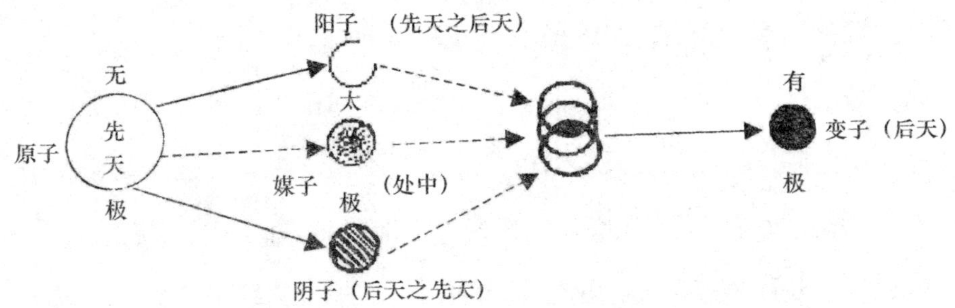

若将“阴阳五子”特性再细作剖分，可参见以下示意表：

名称	性质	能性特征	存在状态	先后天	极	密度	色光	功能	动静
原子	基因	炁	其大无外 其小无内	先天	无极	无	无色	全而隐	无动静
阴子	信息	神	空间	后天之先天	太极（阴鱼）	虚	黑	吸收	主静
阳子	能量	精	时间	先天之后天	太阳（阳鱼）	空	白	斥放	主动
媒子	力	气	场	处中	太极（中心）	混沌	黄	聚合	非动非静
变子	物质	物	体积	后天	有极	实	全色	偏而显	偏动偏静

宇宙在未造万物之前的本原态时，是由原始因子——即原子所构成。原子具有无极性，其大无外，其小无内：你说那时宇宙只有一颗原子充满了宇宙也行，你说那时宇宙充满了极细微以至密不可测的原子也行。因为它是炁，是以“无”的状态而存在的。但原子虽然表象是“无”，可它具备了造生演化宇宙一切万物的“有”，这“有”即原本隐含在其“无”之中。

由于原子的无极的“无”性，我们虽然说它无动静，但这无动静是以“静”为存在的。因为有静无动，没有相对性，故我们说它无动静。或者说，这种无动静的情况，我们根本无法想象。因为，我们有想象、能想象的，全是后天现象，与这先天现象是隔了一道厚墙。总之，是由于这种无动静沉默状态维持太久，维持到一定极限，原子的这种无动静的单一状态就被打破，由静生出“动”来，从而一发而不可收，“动”从此成为永恒；而无动静之“原静”也以其原性相对存在，也成为永恒。

原子的被打破，动而生阳，派生出阳子；静而生阴，派生出阴子；动静之中有一物把持：动不使动极，动极复静；静不使静极，静极复动；动中有静，静中有动，此物乃原子派生出的媒子。准确地说，媒子不应说是“派生”的，媒子是由原子裂变逸出阳子和阴子后，蜕变为媒子。所以，媒子具有原子的全部先天性状，只是它在自然规律顺行的状况下，一直参与在阴阳动静之中，既使万物纷纭地演化，又使万物之间保持着永恒的和谐。

如果说原子是宇宙的本体之道，是无识无知；那么媒子就是宇宙的本体之德，主生，有识有知。因道而德，宇宙才显示出生生不息的活性。原子裂变，有了阳子、阴子和媒子，阳子、阴子和媒子的再度结合产生变子。有人会问，变子既然是阳子、阴子、媒子的结合，岂不又还原成了原子？非也。因为原子裂变后，其阳子、阴子和媒子都是无数的，细微的，无数、细微得仅仅次于原子；这些无数不同细微的阳子、阴子和媒子相互间“优化组合”、“劣化组合”和“随缘组合”，就会形成无数不相同的变子。

变子与变子间是互有特性的，是相互独立存在的，它们实际成了宇宙万物构成的基本元素，已属于后天，故而变子不可能还原为原子。变子要还原为原子，就要最高度地聚合阴子和阳子，使其信息能量饱和到一定极限不能再饱和，从而发生核爆炸，使变子粉碎为无，才能返还为原子。

“宇宙由原子的第一次裂变，产生阳子、阴子和媒子，阳子、阴子和媒子三者结合，产生变子”的这种说法，是我从宇宙的剖面示意来讲解的，是不得已而为之。其实宇宙是无始无终的，没有第一次，也没有最后一次，我们根本无法揣度那是一种什么样子。我们所说的这一切，无非是些比喻，是些言相和文字相，与道的实际大有差别，正所谓“开口便错”。据说释迦牟尼佛说法四十九年，最后却说没有一字一言道出“佛”的实际。因为我们所以言者，无非想起个指路的作用和桥梁、舟船的作用，而不等于彼岸。如果有人执著于任何言相文字相，去钻牛角尖，我们将无言可答。

有关“阴阳五子”的现象，我们看看太极八卦图，也可以明白其中的情况和道理，见下图：

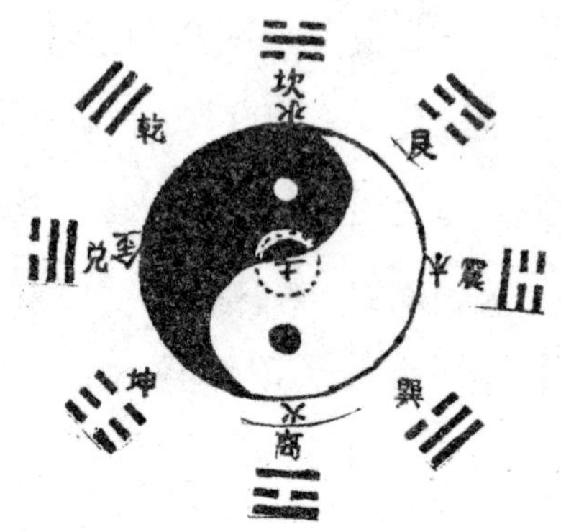

同时我们也可以参考“三极演化图”：

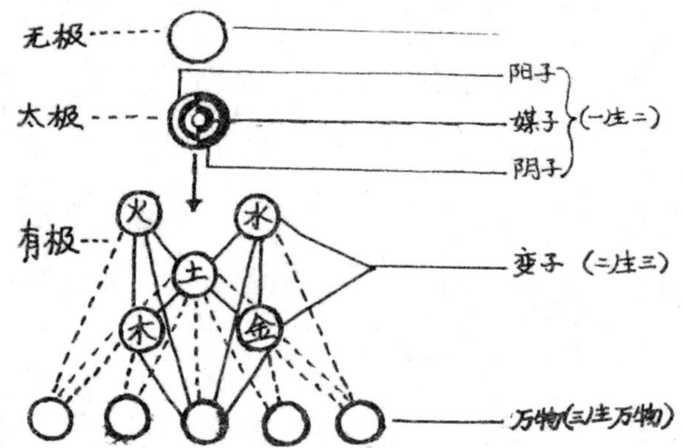

从太极图上看，外边的大圆圈就是原子。此圆圈是个比喻，实际是圈外无圈，表示的是无极；圈内有了阴阳动静，表示的是太极。太极圈内的阴阳鱼就是阳子和阴子。阴子（阴鱼）中的小白点，表示阴中含阳，信息中有能量，静中含动；阳子（阳鱼）中的小黑点，表示阳中含阴，能量中有信息，动中有静。太极图中心的圆就是媒子，它在太极图的阴阳之中表示发挥团聚作用的场、力。上面太极图周围的八卦和下图“三极图”中的五行，则都表示变子（八卦含九宫是分属五行的）。

以“三极”（无极、太极、有极）论的方式描述“阴阳五子”，我们可以看到，无极生太极，是“道生一，一生二”；太极生出五行、八卦，乃为

“二生三”。因为“三”而“生万物”。“三”是变子。从五行讲，用红、黄、蓝、白、黑五色的不同搭配可以调成无穷无尽不同的颜色；金、木、水、火、土五质的不同搭配可以化合成无穷无尽不同的物质；而八卦，以其二进制可以裂变为十六卦、三十二卦、六十四卦……以至无穷卦。这都表明，宇宙由一个混沌原子可以演化为无限的变子，形成丰富多彩、永不重复个体形式的宇宙自然。

所以我们又要知道，在宇宙自然中，原子是绝对的，变子是相对的。而且，变子因为受时空的影响和制约，受宇宙自然规律循环性的支配，会有无限“层”与“次”的变化与差异。换句话说，宇宙间没有一个绝对相同的变子；变子与变子可以互相转化，也可以相互结合成为新变子；变子的相互不同是无限的，故变子与变子既有在层次、时空、性状、功能上相近相似的，也有差别很大，甚至差别到无法相比的。

宇宙中由原子裂变有了变子，但原子未尝有变，既不多一分，也不少一分，这就是宇宙自然本体的特性。

宇宙自然中如果永远只存在绝对无极的原子，那么这原子的存在和这宇宙的存在就没有丝毫意义。故所以宇宙中的原子以其绝对无极而被道在时时打破着这种绝对和无极。

如果宇宙自然中原子统统裂变为变子，而原子本身消亡，那变子世界的有极性就会变成相对、相抗性的争斗，宇宙就会闹成杂乱无章的一锅粥，最后均会以两败俱伤而归于灭亡。但道的规律决不允许这种现象发生，所以宇宙自然中的变子总是在自觉和不自觉地不断寻找和趋向着无极的绝对。自觉者，自觉虹化（核爆炸）；不自觉者，被动解化（道使其灭亡而后分解）。殊途同归，都由变子返归于原子。

在宇宙自然中，原子是变子的母体，它生出变子，又统御着变子。但原子只有通过变子生生不息的演化过程才显示着“母体”生养自然万物的价值和意义；同样，变子只有不断向母体回归，不断接受母体的统御和育养，才能显示生生不息的生命价值和意义。

（二）阴阳五子分述

1. 阴子

原子裂变后，阴子作为阴、阳、媒三子之一而充满宇宙。由于阴子是原子第一次裂变的产物，从其还未构造出后天的变子而言，当称为先天真阴。阴子主静，具有“沉”力，形成由外向内吸引的势能，构成一种信息的控制。而且，阴子的先天性特征为虚，而不可抟得。阴子像黑洞，具有吸引、聚合、吞噬、消化阳子的特性，故以其主动控制性就是传统丹诀中所称的“神”，以其处于先天故称为“先天元神”，以其随机随缘、即触即感称为灵知灵觉。

混沌似无的宇宙，一经原子裂变，静极而动，就有无穷的时空和层次。无穷的时空和层次，就有无穷层次不同的阴子所构成的大小不等的黑洞（大到能吞噬千百个银河系或局部宇宙，小到仅一个阴子即为一个黑洞）。由于阴子主静，所以阴子有层次位置的相对固定性。例如，银河系的阴子基本固定在银河系内，太阳系的阴子基本固定在太阳系内，地球上的阴子基本固定在地球上，人类的阴子基本固定在人类种群之中，其他动植物的阴子也基本固定在其他动植物种群中。

但是，由于阴子所处的无限层次性，尽管在现象宇宙自然中可以分出许多时空层次，但在这些大体的个体时空层次中仍具有无限层次的差别。比如人，居住地有南半球、北半球、东半球、西半球；有男人和女人，有小孩和老人，有健康者和病患者等诸多的不同，那么阴子反映的性状就存在差异。如果把各种层次分为高中低的差别，一般来说，相近偏低的阴子和阴子团可以向相近偏高的阴子层次靠近和升迁。同样，相近偏高的阴子和阴子团也可能向相近偏低的阴子层解化堕落。

阴子是主要吸引、团聚、吞噬、消化阳子的，但不同阴子和阴子团也互相吞噬。不同层次的阴子和阴子团能否将相近层次的阴子和阴子团吞噬过来，成为自己的一部分，那就要看该层次阴子和阴子团的“静”力如何，静力越大，信息场就越强，吞噬力就越大。总之是势大的控制势小的，势强的兼并势弱的。内炼的入静，就是要强化修士生命体中阴子及阴子团（传统内丹学称为元神）的静力场，以更招摄吞噬阳子与阴子结合，形成超原质生命的变子体。这种超原质生命的变子体在修士生命体中诞生，就被称为“内丹”。

阴子与阳子结合形成变子。阴子虚，阳子空，但这阴虚与阳空的结合却形成不虚不空的物质（变子具有物质性）。由于变子也是具有无限层次性的，所以变子相对有：有机的、无机的；灵活的，呆板的；开放的，封闭的；形成生命物的，未形成生命物的，不形成生命物的。

2. 阳子

原了裂变后，阳子作为阴、阳、媒三子之一而充满宇宙。由于阳子是原子第一次裂变的产物，从其还未构造出后天的变子而言，当称为先天真阳。阳子主动，具有“浮”力，形成由内向外斥放的势能，构成一种能量的传播。而且，阳子的先天性特征为空，不可视见。阳子像白洞，具有释放、传播、刺激、渗透阴子的特性，故以其主动追求性就是传统丹诀中所称的

"精"，以其处于先天故称为"先天元精"，以其见机乘机、即应即求称为真知真觉。这里所说的"见机乘机"，就是阴子显示静态，表示出向阳子吸引的势态，造成机遇时，阳子会立即抓住机遇作出响应向对方传播、渗透。阴子有"应"的需要，并形成"应"的条件；阳子有"求"的主动性，然以被动性出现，有"应"即"求"，一拍即合。

混沌似无的宇宙，一经原子裂变，静极而动，动而复静，动静循环，就有了无穷的时空和层次，同时就有了无穷层次不同的阳子所构成的大小不等的白洞，这与阴子的情况是相同的。由于阳子主动，所以阳子没有层次位置的固定性，就像是个打工仔，哪里能挣钱就到哪里去，可以不断变换自己的层次位置：可以构造太阳，可以构造月亮；可以构造男人，可以构造女人；可以构造动物，可以构造植物；可以构造成有机物，可以构造成无机物。阳子与阳子间没有任何差异，它们只有当在不同时空层次与不同性状的阴子发生交合而形成不同变子后，由变子才反映出差异。换句话说，阳子与阳子，只有层次之分，没有特性之分。阳子间表现出所谓不同的特性，只是由于它们运动与时间空间发生的关系而反映的。比如说，一枚阳子在原定层次出发点上，以某种速度运行十万公里与阴子相撞而交合，而另一枚阳子则只运行了一万公里或一公里而与阴子相撞而交合，那么，这两枚阳子因运行的时间和经历的空间不等，所以会发生"特性"的分别：运行时间长、经历空间多者表现的能量"慧"性就强就优，反之则弱则劣。宇宙中每一枚阳子都能自由流动，好像一群小鱼在河水中流动那样自由自在，且无时间限制。但由于同性相斥的原理，不同"特性"的阳子间是互相排斥的。这种排斥甚至成为一种攻击或掠夺性，以致"慧"性高者可以大量兼并"慧"性低者，使高"慧"性的阳子可以逐渐形成势力强大的阳子团。但这样的情况往往需要势能强大的阴子团来参与，不然阳子团会不稳动，会由于内部阳子间的互相再排斥、放射，而使阳子团解散。而当阴子团参与阳子团聚合时，新的变子又产生出来。阳子不仅能自由流动穿越宇宙的任何微观空间，也可以固定于某一点上向四周辐射。

3. 媒子

原子裂变后，媒子作为阴、阳、媒三子之一而充满宇宙——凡有阴子、阳子的地方也有媒子存在。由于媒子是原子裂变逸出阳子和阴子后蜕变的产物，所以，媒子实际上具有原子的全部先天特征，不过它已不是绝对的先天，属于先天之后、后天之先的太极中天。故媒子可称为亚原子。它与原子的不同之处就在于，原子的基因和无限性本身是无所谓的，而在媒子这里形成了场与力，形成了“中”与“和”的场与场力，故媒子的天性就是在阴子和阳子的交合中起媒介作用。所以，以其特性媒子就是传统丹诀中所称的“气”，以其所处先天又称“先天元气”。只要阴子和阳子具备交合的条件，具有交合的意愿倾向，媒子就会随之介入其中，而不论阴子与阳子发生交合的速度是多么迅速。

媒子不仅在阴子和阳子间起媒介作用，还要在阴子和阳子间起调节作用，不使阴子和阳子向阴阳一方偏激。但如果某一物质、物体、生命体中，由于阴子或阳子集团性过于强大并发生偏激，而媒子尚不能构成相应的强集团和强大的场与力，无法遏制偏激，那么，媒子的中和场力则相应会在局部小范围发挥。比如一个人到了癌症晚期，细胞中的媒子已经无法对癌细胞进行有效调节，人的死亡已不可避免，但媒子还可以在身体的其他细胞中对阴子和阳子进行调节。一旦得癌症的人死亡，肉体腐烂，此种生命物质毁灭，此生命体原有的变子结构解化，媒子就回复原状，等待，随时随缘再与其他阴子、阳子的交合起媒介和中和调节作用。

宇宙间唯媒子与媒子是亲和的，是它们这种亲和的本性——“德”才维持着宇宙的和谐与生生不息。由于宇宙后天层次的无限性，在局部或特殊情况下，某时、某层次的媒子团能力可能弱于阴子团或阳子团；但由于无限层次间的媒子互相亲和，所以，弱势的媒子团只要有机有缘，就会改变其弱势。当然，它们也有可能会在某时某层次由强变弱。但由于媒子的“醒明”态表现的主动性，媒子团也可以完全采取主动积极的态度使自己由弱变强。在一个高层次物体的变子团中，如果媒子团处于强势，它可以将阳子和阴子团聚于一身，形成以媒子为主的特殊变子。特殊变子再经媒子提纯作用，犹如钢炉炼铁，百炼成钢；又如去渣淘金，渣尽金纯。这一过程完毕，媒子会以核反应将整个变子体化解为无，返为原子。这就是仙学修炼从“物质”性理论上解剖的奥秘。

4. 变子

变子是阴子、阳子和媒子结合形成的后天产物。但变子与阴子、阳子的单纯概念是截然不同的。因为，无论宇宙有怎么样的无限层次，阴子还是那个阴子，阳子还是那个阳子，就如面粉和水，面粉不会变为水，水也不会成为面粉，它们具有自己的真实性和相对单纯性；而变子不一样，变子就像由阳子的面粉和阴子的水做成的食品，这个变子是面条，那个变子是馒头，还有的变子是饺子，是烙饼，是面包……而且，变子与变子还会发生多层面、多次数、多形式的分分合合，合合分分，而形成无限层次、性质差别的变子。这些复杂的变子如果偏阳，即为阳性变子；如果偏阴，即为阴性变子。此即《易》所谓“乾道成男，坤道成女”是也。变子的无限复杂性使其形成有可见物质和不可见物质（后者或称精神）；有机物质和无机物质；高级物质和低级物质；生命物质和非生命物质；灵性物质和我顽物质。但复杂的变子在宇宙自然中都是平等的，没有高低优劣之分，它们都是原子的裂变物，而且最后都归于原子。只有人类站在“万物之灵”的位置上，以自己的利益和好恶为价值观，给了它们以高低优劣的评价。复杂层次的变子间又可以循环演变，以致以形式不同而周而复始，循环不断。而在一般情况下，变子复合的次数、层面越少，距离原子态越近：复合的次数、层面越多，距离原子态越远。近则易于返归，远则不易于返归。因为变子要返归还原为原子，必须由极复杂往极简单处解释。所以，越是复杂，解释过程就越长；越是简单，解释过程就会大大缩短。在后天自然状态下，变子要还原为原子，从来是被动的，要受天体大爆炸和自然特殊变化等原因而发生。但从佛学特别是密宗修炼实践的情况证明，经修炼所形成的变子团的主观能动性，可以加速变子还原为原子的速度。例如密宗修炼者证果的虹化现象。道家仙学的外丹术有这种异曲同工的证果现象，即服食丹药之后即刻使肉体解化为气体，但不同的是它还可以根据意愿保持生命体存在，只有意愿不想生命体存在，气聚的生命体就可以解化为无。而内丹仙学虽亦有主观能动性，然则不欲加速这种还原，而是使还原过程的每一环都舒适地展示，以显示人的生命完美长久存在价值后才去还原。

阴阳五子说对仙学的启示作用

仙学的生命观不应急切地由变子返为原子为最高目的，而在于使生命体最大限度地展示变子（无限层次、时空、性状、功能差别的变子）的生生不息，以契合于大道之德“贵生”的使命。只有当这个使命完成，生命体才由变子彻底返归为原子。此当为自然而然。

由此我们可以知道，佛门与道门的修炼，虽然最终都必由变子返归为原子，但其中对生命过程的当久当暂，两家的价值观是各不相同的。佛门认为，大道本体是绝对、无极和虚无，那么修道追求的应是与这种本体的相合，或说追求的应是回归于这一本体，而生命的过程价值如何与此无关，所以不具有意义。而道家则认为，大道本体的绝对、无极和虚无，对生命的积极意义就在于它的“生”性、“生”德。生命固然最终必然会主动或被动地返归于大道本体的绝对、无极和虚无，但生命的价值和意义就在于生命过程中的质量升华和限度的最大延长。如果生命活不出它应该活出的质量，活不到它应该活到的极限，那将是生命的悲哀。因为，他和它们对不起大道的恩赐！

不可捕获的阳子、阴子、媒子三宇宙

（一）“一生二”的奥妙

原子为无极先天，阳子、阴子和媒子则为先天之后、后天之先的太极中天。由于这太极中天有阳子、阴子、媒子三者共存，故此三者可视为三个宇宙，或说天宇宙的一体三分。我们当知，这个“三”是由“道生一”后，由“一”生出来的“二”。

这里的“一生二”就有了奥妙。

因为“一”生“二”（原子裂变逸出阴子、阳子）后形成了阴阳二性，这是人们都熟知的。但“一”生“二”后，“一”在太极中天里的下落何在呢？老子没有讲，他直接说“二生三”。而“三”是什么，他也没有讲。实际上，“一”生了“二”，“二”不仅仅是表示阴子阳子两种存在，实际也表示着第二阶段。在这个第二阶段，虽有了阴阳之“二”，但“一”并未消亡，它仍以母性角色存在。有了下一代，母亲当然无须争名了——这就是道性。但“一”中每个原子，它生出“二”后，已非当初全部特征的自己。所以老子也隐其不名。但它仍然存在，只是蜕变为媒子。所以，“一生二”主要含义指大道演化的第二阶段。在这第二阶段，不仅分化出阴阳之“二”，而且原来的“一”也未完全消失，而是发生变化与“二”共存，为“三”，并为下一阶段“二生三”具备了条件。

（二）媒子永远代表原子行使道性

媒子永远代表原子行使道性。所以阴阳欲偏，有它存在其中，就不会过于偏极。媒子在后天任何一种物质形成的过程中，都是默默无闻的；在任何一个物质层次中它都是潜形的。我们对于它，如果不是以同性质的心境去证悟，始终是会不得而知的。因为对于人来说，以“神”的先后天而论，阴子乃识神，阳子乃元神，媒子则是明神。明神，以心态而言，就是明智、理智、灵明、平静的心智。但媒子不仅反映在人的“神”上，而是凡要产生变子的地方都有它的存在和参与。比如，男女交合，生出子女，这是可见的一个生物演化过程。有谁知道，就在男女交合中，精子与卵子发生碰撞，从这种限定范围的宏观到微观，媒子都在发生着关键作用呢！

在原子无极状态时，宇宙只是个○和“一”，而有了阴子、阳子、媒子，三者各充满了宇宙，各形成一种宇宙势力，故说有三宇宙。但是，必须明白，这三个宇宙并非像有些人的理论那样，认为是相对独立的（有些人认为，假设我们处在阳宇宙，那么在好多好多光年远的另一个地方存在一个阴宇宙），而是不分彼此、相互交融地充满于同一宇宙之中。我们每个人所处的时空里，既有阳宇宙，也有阴宇宙，还有中宇宙。我们还当知道，这个太极之“三”的三宇宙都是潜形的（既有形，又不可视见，是为无形之形）。而后天现象中，凡是显形的，都是化合性复杂的变子体（大到天体，小到微物质）。甚至一些化合性单纯的变子和变子体也会不显形，而与“三子”的潜形近似呢！所以说，如果宗教所判断出的“神仙天界”、“人间”、“阴间地狱”（当然“人间”是我们可证可信的，毋庸置疑）真实不虚，那我们认为那无非是不同层次的变子生命世界；无非是人类的圆通大智慧圣哲们发现到了一个与人类生存有关的宇宙时空切面。由此我们可以推理假设，我们可以从宇宙无限时空里随意切出一个断面，站在中间，将断面的两边与自己比较分为阳界（仙界、神界）、中界（人界、动物界）、阴界（鬼界）。

（三）阳子是空，阴子是虚，媒子是既空又虚

我们已经说过，阳子是空，阴子是虚，媒子是既空又虚。那么显而可知，它们都是不可能被捕获到的。但是，阳子与阴子虽不可被捕获，而它们的作为轨迹可以被人感知，也可以被人制造的仪器所察觉发现。也即是说，当阳子、阴子与变子发生关系时，它们有作为轨迹，作为轨迹可以通过对人体变子的能动和对特殊仪器装置（同样是变子体）的触动而被察觉发现的。人的这种作为轨迹指的乃是思维活动，或称灵魂活动。倾向于阴子的作为轨迹在心与大脑，倾向于阳子的作为轨迹在下丹田，并通过小周天运转而影响疏通于通体。如果有超人类特异生命能被人类肉体内的“灵魂”感知，或被人造的仪器感知，道理也必须是如此。总之，能被感知的总是三宇宙的作为轨迹，而不是作为物本身。

媒子与阳子、阴子更不同，它只能被自己再证，而不能被他所证。也就是说，它的作为是无轨迹的。修道者相信它的存在，第一是用排除法（即去阳、去阴、去极、去偏）悟解，第二是自证。除此，媒子的作为轨迹不可能被人造仪器察觉发现，但也许可以被反证。这个原因在于，媒子的作为是中和涵蓄，中和涵蓄在任何变子世界中都空静虚灵，没有作为轨迹。就像天平秤，可以称出两边砝码的重量，而不能显示自身的重量。

若以后天现象界而论，由原子到阴子、阳子、媒子，和第一次化合产生的变子，甚至早期产生的许多代化合后的变子，从一定相对意义上，都可列为宇宙自然的先天。它们客观地存在，而不能被搬进科学实验室和出现在科学实验室中。因为再高级的仪器也只是复杂的变子体所组成，是后代的后代，它们是无法看到老祖宗的。

“阴阳五子说”有其重要的哲学意义，它们虽然不可能被拿出来让人看，却会在人类修道实践中体现出无限量的伟大价值。

三子三光与内丹修炼

（一）三子元始色光

在我们现象界中，凡观察得到的物体，都是以其色光作为特征反映的。但这些色光都是变子世界的色光，而非变子造生前的元始色光。而所谓元始色光，即阴子、阳子、媒子三色光。此三子，阴子的色光是黑光，阳子的色光是白光，媒子的色光是黄光（这是内丹修炼中通过内景得证的）。由于变子是由元始三子所生，所以在变子世界中，凡是浅色的、亮色的、倾向于白色的，必是阳子居首；凡是深色的、暗色的、倾向于黑色的，必是阴子居首；凡是黄色、粉色、灰色等，倾向温和中性的色光，必是媒子居首。在变子世界中，绝对单纯的白光、黄光、黑光都是不存在的。因为此三光都是“三子”的本光，而“三子”的本光以其绝对纯净，故是不能观察得到的。所以，凡是观察得到的色光，必是“三子”的本光互相错综交合后显示出的复合变子光。这些复合变子光以其构造经历也可称“次间光”。次间光复合次间越少、越早，色光就越轻、越薄、越淡、越亮；复合次间越多、越晚，色光就越重、越厚、越浓、越暗。这可以借用绘画上调色彩颜料来说明：红黄蓝为三原色，用三原色第一次相互调配产生的为第一“次间色”，以此类推，第二次、第三次、第五次、第十次相互调配，那便是第二、第三、第五、第十次间色了。变子世界的色光差别是有无限层次的，故复合次间也是有无限层次的。

（二）变子世界基本五行色光

变子世界可见的基本色光是：红、黄、蓝、白、黑，归于五行。位置排列如下：

五色光：白←红←黄→蓝→黑

五　行：金←火←土→木→水

在变子诞生之前，“三子”的色光排列如下：

阳　中　阴

白 ← 黄 → 黑

阳子　媒子　阴子

“三子”的本色光都是纯色纯光，纯到不可视见。或说纯色纯光就是变子世界的色因、光因。这“三子”的本色光混合未分时便是原子的色光。

（三）原子的无色之光

原子的色光是既无色也无光，称之为无色之色，无光之光。佛门称之为“无色界”、“圆光界”；道门称之为“惚兮恍兮”、“窈兮冥兮”、“无象之象”之境。

阳子、阴子、媒子的本体色光，现代科学仪器再高级也是无法测到的。但此三种色光却可以被练功者在特定层次的功态下被感觉到：一般情况下，它们最初显示在天目穴，然后是泥丸和泥丸扩大了的整个脑内，然后是下丹田，再然后会逐渐扩大到整个体内。实际上，平常人在特殊状态下也可以进入练功态的类似境界，也可以发现这些色光，只是他们从来都会是不经意，所以纵是发现这些色光，也是一纵即逝当面错过，不会知道。

但这里有个需要特别说明的情况，即练功者进入的功态有浅层功态和深层功态之分。浅层功态下识神还起着主要作用，或者说识神还非常活跃，未能消退；而深层功态，识神已能安伏不动，自觉归依于明神之中。换言之，深层功态下识神已自消自息。浅层功态与深层功态下都会出现各种色光，而浅层功态下的色光与深层功态下的色光两者呈现的情况却是不同的：浅层功态的色光可以构成繁杂的图像、景物、色彩；深层功态的色光却非常单纯，没有图像、景物。浅层功态下的色光呈现与识神的活动有密不可分的关系；而深层功态下的色光呈现却没有识神的参与，是识神自消自息后明神的直觉。所以，气功态下的内视景象，可以反映出练功者的功态层次和境界。当然，对练功者来说，功态层次都是由浅到深递进的，没有浅与深的阶段截然对立分别。故而递进即渐进，那么内视景象也会随着层次递进而逐渐变化。这里试以层次递进对内视景象作一概括性说明如下：

由浅向深、由低向高层次递进：景象纷呈（有美妙的、有丑恶的、有恐怖的），色彩杂乱→景象美妙，色彩艳丽→景象单纯，色彩清淡→景象单一，色彩简明→无景象，由深到浅的红（橙）、黄、蓝（绿）光→由深到浅的黑色透明光→由弱到强的白光（如明月高悬中天）→亦白亦黄、白黄不分的金光→无色无光之空明→与光同明，明彻无识（炼虚合道的最高层次）。

这一过渡标示可以给我们提供一个豁然明白的辨识，即浅层功态的景象是后天变子世界的色光反映，深层功态的无景象色光是中天“三子”世界的色光反映，而最高层次无光无色，则是先天原子世界的本体反映。

（四）内丹之金光

道家的内丹修炼术往往又称“金丹”和“金丹大道”。从理义上说，“金”主要指永固不灭，而金光的意思则次之又次。当然，修炼金丹大道，最根本者是人的明神在起主宰作用，而明神恰恰又是媒子性质的表现。媒子的本体色光是黄色，所以，当功态进入“金液大丹”也即大周天、“十月怀胎”阶段，内景也确实会显示为金光。所以，言“金丹”之“金”首先是永固不灭之义，其次是功态中也确实焕发金光。但这金光不是明神去观察而得到的，而是明神（识神已经消化归于明神，元神正以先天真阳之气给以充实，阴子化于媒子，阳子锻炼着媒子，故而明神正向阳神的成熟过渡）焕出金光，又被明神的直觉感知。犹如我们在山谷发出呐喊，山谷回音又被我们听到，但金光并非是纯粹的黄色，而是黄白相间的光色。对大道修炼来说，“金丹”境界只是一个过渡境界，只有达到纯光无色，即光非光、非光即光之境界，才是最高境界。那是中天的阴子、阳子、媒子返还而为原子之“一”，修道者走向彻底的归宿了。

（五）由后天返先天

在修道者由后天向先天的返归过程中，即是一个复杂变子结构向原子解释回归的过程——从练功者步入修炼的征途开始，即开始遏制自身变子向更复杂的顺向化合过程发展延续，而向生来的方向逆反回归，使身心变子结构逐渐向简单化合结构解释，六十四卦解释为八卦，八卦解释为五行，五行解释为三元（三子），三元解释为两仪，两仪解释为一元。

在生命中，人为造成的变子的化合结构越复杂，对生命越无益。因为变子化合结构的复杂，会给生命先天功能的展示制造障碍，它们实际是在神经通道结疙瘩，在气血通道结疙瘩，给生命带来疾病、带来烦恼，最后带来死亡。而只要变子结构能遏制住复杂化合的继续，并向先天简易结构解释，生命质量就会不断提高。

（六）练功过程进中有退，退而后进

以上我们从色光的现象对功态层次由浅向深的过渡作了概括说明。那么应当指出，既然是概括说明，当然就不能机械地把这一说明认为是一种精确、绝对的标准。因为练功由浅入深的层次差别是无限的，有一次练功中的差别，有一日练功中的差别，有一月练功中的差别，有一年练功中的差别。这些差别又并非像上台阶一样，只会是一步一步向上上，只会有由浅入深的进步，而是如同锁链，环环相扣，回环递进。也就是说，整体上大趋势是前进的，但细节上常常是进中有退，退而后进，进进退退，退退进进，只是进多退少而已。在一些局部阶段上，甚而也有进少退多的现象。每个练功的人，他日常保持的练功时间、练功方法不同，往往递进情况也不同。例如不同的人，某人一天练功半小时、一小时，某人一天练功两小时、三小时，而某人一天练功十小时、二十小时，他们之间或许起步时间相同，但功态递进情况与速度也就肯定不会相同。还例如，某一初学练功的人，因为在某一时候方法得当，心境好，外部环境条件很舒适，他很有可能在这短期内功态层次递进相当快，所以心性能进入很高深的修炼境界。但如果这个时期一过，他的外部条件恶化、不理想，造成他心境不好，他的功态层次又会急骤下降。这牵扯到心性问题，因以后还有深论，此不赘述。

三子三力与内丹修炼

（一）三子的性质和功能

在前面我们已看到，在描述阴子、阳子、媒子时，除了色光，还有它们的性质和功能，如阳子性质为能量，功能为斥放；阴子性质为信息，功能为吸收；媒子性质为场与力，功能为聚合。其实这“三子”的性质区别也都是勉强而言之。因为信息也是含力的，能量也是含力的，而媒子既含信息，又含能量，其为力自不必说。同时，阳子能量中也含信息，阴子信息中也含能量。所以，这里乃是专从力的角度来谈三子。

我们已经知道，阳子的力主要是斥放力，阴子的力主要是吸收力，媒子的力主要是团聚力，那么，按照太极图标示，阳中有阴（阴子），阴中有阳（阳子），“中”负阴抱阳，冲气为和（媒子）。我们从力上来认识三子，又可得知，阳子的斥放力中也含有吸引力，阴子的吸引力中也含有斥放力，媒子的团聚力中既有斥放力，又有吸引力。下图表示三子的特性：

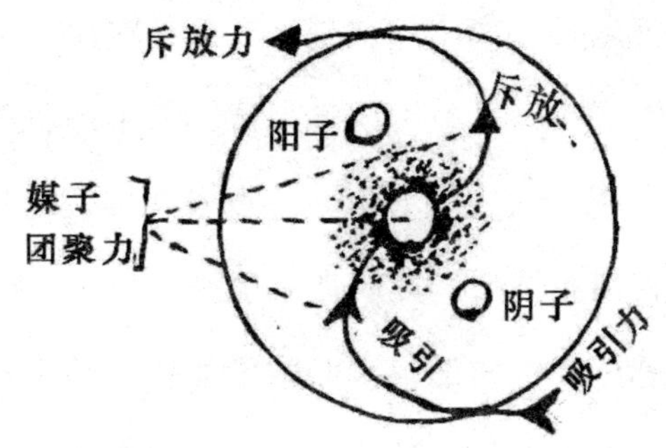

（二）阴子与阳子力具有回归特性

下图表示阴子与阳子力具有回归特性。这种回归特性表现在：阳子的力正向斥放后，达到力斥放的极限，力的运动线便会呈弯曲，类似回归状，此可称之回力；阴子的力正向吸引时，达到吸引的极限，其在吸引力外隐含着弯曲斥放的力线，此力线可称为出力。阳子的回力类似吸引，称负吸引；阴子的出力类似斥放，称负斥放。这两者力的回归现象，既有自身的天性（阳中含阴、阴中含阳），也有外部的影响（既有媒子的约束性，也有原子宇宙的圆旋形态造成的时空弯曲所决定的物质运动规则规律），总之是道性使然。

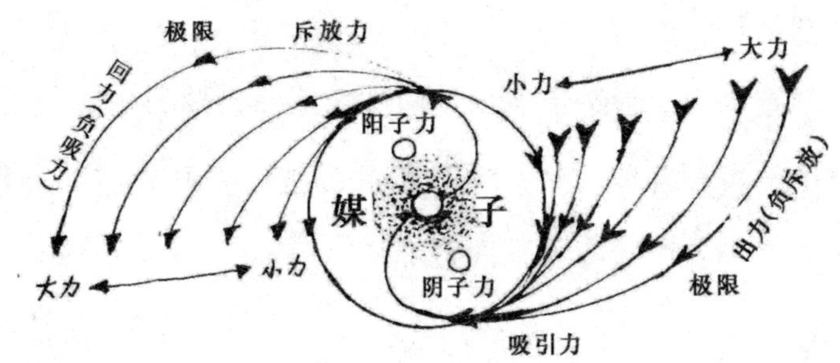

（三）同一属性物质的力在不同情况下回归情况不一样

我们也可将下图适用于变子物质世界，由此又使我们看到，同一属性物质的力（如阳子或阴子）在不同情况下回归情况是不一样的：阳子的斥放力越大，斥放力线就越长，离本体就越远，那么它斥放力的回力线离本体也越远；反之，斥放力越小，斥放力线就越短，离本体就越近，那么回力线离本体也越近。同理，阴子的吸引力越大，吸引力线就越长，那它的出力线也就越长，这样就可将离本体更远的物质吸引来；反之，吸引力越小，吸引力线则越短，离本体越近，吸引的范围和数量就相对减少。从物质本身发力的原因来说，这与力源发力的量、速、方向成正比的。

我们举两个例子加以说明：

（1）我们人站着扔一个东西，用的力大，东西就扔出很远；用的力小，东西就扔出很近；不用力，只松手，东西就掉在身边。这可用以说明阳子的力现象。

（2）我们端一大碗稀粥喝，如果用的吸引力大，离嘴巴较远的稀粥就会被吸入口中；如果轻轻用力，则只能喝到嘴边的一小口；如果不用丝毫的吸引力，稀粥则不会被吸到口中。那么，由此二例进一步推理，阴子吸纳过多，必然排泄量也大。就如动物食量如果特别大，排泄物也就会越多。阳子斥放过多，必然消耗也大。

在现代科学技术中，人造飞船经发射进入地外天体如木星、火星，永不再返归；而绕地卫星围着地球转；玩具转盘旋抛出去又旋转回到自己手中，这些都可用来说明阳子斥放力及其回力现象。

（四）力的现象对生命的启示

上述阴子、阳子力的现象，从广义物理学意义上讲，是一种正比关系。但具体到生物学意义，对于某一具体生命，这种正比处理当与不当，就会产生有利生命或不利生命的非常后果。因为，对于生命物的生命体来说，其阳性变子向外斥放力过大，首先，动力要使体能过多过大付出消耗，而阳性变子的回力却不能返归本体。这就像一个仓库，光从里面支出物质，却不能向仓库内储存物质，仓库渐渐就空了。同理，生命体中阴性变子的吸引力发挥也应适度，不发挥吸引力，生命体则会缺乏精神和物质补充；而过度发挥吸引力，其出力也会加大，尔后排泄量也会加大，这就从两端加大了消耗。这些道理，在大道修炼中都是深富哲理借鉴意义的，不可小视。

三子三神与内丹修炼

(一)“明神”二字鲜为人知

无论什么形式的修道，都不可避免地要涉及识神、元神和明神这一最关键的命题。此三神“民日用之而不知”，但修道者却是要知之而后用，方能“穷理尽性，以至于命”。

在这“三神”中，“识神”和“元神”的名称是熟读丹经者了如指掌的，唯“明神”二字鲜为人知。因为这个名字是敝人所创，以前无人所用。但“明神”的实质早被前辈师祖代代相传。不过在前代师祖们那里，“明神”一会儿当做“元神”混用，一会儿又用“真意”替代，始终没有一个固定的名称，往往给仅靠读书的学道人带来一些不尽的“丈二和尚”。既或有些自为人师者，他的师父也未对此疑惑加以说明，故而在他，仍是以稀里糊涂，不予正面解答以搪塞弟子。

敝人并非故意卖弄乖巧，头上安头，而是还“明神”一个准确说法，以使它的关键地位得到人们清楚无误的认定，有利于练功不走和少走弯路。

识神、元神和明神这个“神”的世界，在道家那里，由于万千年来的探索实用，早已形成较为完备的理论体系。但在现代心理学和物理学领域，仍是为人们不得其门而入的神秘之物。

（二）变子世界不能捕获到三子三神

我在前面已经讲过，阳子、阴子、媒子，以辩证唯物论讲，因为都是变子形成之前的“物质”，无形无象，不可视见；即或是在人这个生物层次，先天元神落为后天识神，成为变子体，但这个变子体却是赋予生灵活性的高层次变子体，即这个变子体相对肉体物质、植物和有机、无机物、人造物等其他变子体，都是次间化合少得多，也几乎属于无形无象、不可视见那一类。因而在由人再造低层次变子世界——仪器，无论认为它的功能有多大，对它的期望值有多高，充其量能捕获到它们的行为运动轨迹（这是由于与肉体变子物质发生关系，由肉体变子的反应作出，如当今测谎器的发明和使用，就是这种道理），却不能捕获到它们的本体。所以我敢断言，物理学的科技今后无论怎样发展，除过推理性的反证旁证之外，欲对它们用科技手段获得，必将永远是隔靴搔痒，或说是无能为力和徒劳。当然，如果能通过科技手段推理反证旁证予以肯定，那也是了不起的。

（三）最好的仪器还是修道练功人的自身

如果要探测、捕获识神、元神和明神这三者与阳子、阴子和媒子有关的“神”，最好的仪器还是人的自身，还是修道练功人的自身。“三神”的理论如果今后要在心理学方面发挥独特作用，那最好的办法是让搞心理学的专家从事修道练功，或让一部分修道练功有成的人去从事心理学事业。因为有关精神之“神”出在人的身心之中，再先进的仪器也不过是人体脑智能的一部分外化，并且已经变为更加复合、次间的变子体。变子体只能对变子体进行检测，而对产生变子体的母体“三子”，甚至对原始变子体，都无法真正探测、发现。

（四）三神按三丹田分位而根

在前面，我们讲过“五子”的属性等问题，在前面我们看到，阴子属神，阳子属精，媒子属气。这种划分，是就它们由原子剖分为三后各自的主要本体属性而言。实际上就生命现象而言，在生命体中，神、精、气三者，即有它们各自的本体属性，也存在密不可分的互联关系：神之为神，乃由精成神，赖于之气；精之为精，乃气之所聚，显为神用；气之为气，化而为精，动而为神。但此三者相对于修炼中将要涉及并运用到的“三神”，它们就成了“三神”能源性质概念中的东西了。“三神”按三丹田分位而根：上丹田泥丸宫识神之根，神为之能源；中丹田黄庭宫明神之根，气为之能源；下丹田玄冥宫元神之根，精为之能源。在人身之中，落入后天的精气神都是变子世界的东西，不过其中神的变子层次要高得多。以“三神”而论，识神为离卦，外阳而内阴，以内阴而主外阳，是以阴子为主要倾向的产物；元神为坎卦，外阴而内阳，以内阳而带外阴，是以阳子为主要倾向的产物；明神居中宫，半阴半阳，阴阳和合，不分内外和彼此，是以媒子为主要倾向的产物。

（五）三神在后天中的作用

将“三神”与“三子”联系起来，我们对“三神”在后天中的作用，就会有一个可供辨识的概念：识神的本性主吸引，易刺激、引发、膨胀人的欲望，凡爱的什么都想贪占到手。当然，本性的吸引原本应该是对人有利的，它可以用于吸收有益的知识信息，提高自己的智慧，认识天人奥秘，更好为自己的生命和全人类的生命造福。元神的本性主斥放，当父母媾精时就是父之元神通过精子的斥放与母之卵子的吸引造就了我们的生命；而将这种斥放回归体内，则使生命重新获得再生机会。明神的本性主团聚，具有仁慈之心，平衡之力。如果其本性得到强化，生命受益则无穷；如果仁慈、平衡力不能强化，就易成软弱无力，而被偏激的识神所蒙蔽，无补而有损于生命。

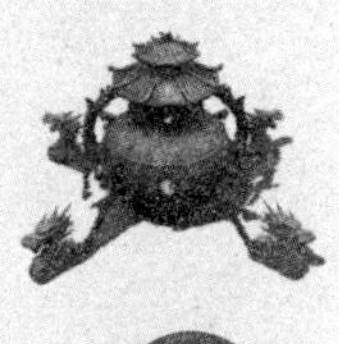

四 内丹复命篇

坐功之要

古人说：真阳之气开始产生，整个身体自然而然会挺拔起来，就像高山屹立的岩石那样稳定沉不动，但功夫浅薄之人是无法有此感受的。因为真阳之气未能生发，反而越坐越觉腰酸背疼。要克服这种现象，一是要在炼己上狠下工夫，心静则神凝息定，再配以内观之法，待天地定位过程已定，真气生出，腰酸背疼状况会自然消失。

未得真气的身体，就好像一条瘪气的内轮胎，你要硬挺立它，它当然只会塌垮，这便有腰酸背疼的感受。真气产生，就像轮胎不断充气，气一充满，身体自然挺立，就不会有腰酸背疼般难受。

再就是，当腰酸背疼难以支持时，可以作适度的腰脊伸拔、前俯后仰，左右 180 度旋转运动，待腰背舒适后再继续打坐。

再就是，初打坐者，腿脚易疼麻，对此要采取时间上由短到长的渐增坐法，和先平盘、次单盘、后双盘的适应过渡法，和增加动功方面的腿功锻炼。一旦坐功纯熟，双腿并无丝毫的痛麻感。更不会影响气血的动行，倒恰恰有益于气血运行，也不必担心双腿会因坐久而变畸形。试想，前人创坐功，本是从有益于身体实践而来，怎么会让人坐成双腿变坏呢？故凡坐功坐出双腿残疾者，必是未得坐功之法，非是坐功致误。

打坐要领

要想真阳气之气这个药物产生，要紧就是打坐之功，坐姿要端庄，背脊要竖直，以双腿盘膝为最上法。当然要领还很多，如顶悬、肩沉，以达到全身节节放松；舌舐上腭，双目微闭，口齿微合等。

关于盘膝打坐，初学之人一定要循序渐进，先双腿平盘，再打单盘，最后才能达到双腿盘膝。一般来说，年轻人数月或一年就能达到，中年人则须二三年时间，年岁太大，腿骨老化，不必苛求，能坐即可。

打坐后要调匀呼吸，最后使之达到天然自然的呼吸。呼，虽发自最上端，但这个上端摸不着；吸，生自最底根，但这个底要看不见。能进入这种浑然无际的呼吸状态，也即药物即将产生的时刻，这时闭合的眼睛可以微微有向上领观的意思，这就是最初药生采药的方法之一。

谈守静

守静，在内丹养生中是下手最关键的功夫，这步功夫达不到至纯的境界，所谓得丹也就是空话。莫说内丹养生，就是一般的气功养生，守静也都是重要的内容。甚至还可以说，纵不练什么功，只要能单纯地守静，养生效益也是不可小视的。

然而守静之法说怪亦怪。对于一个练功人来说，如果他不懂守静对于修功的必要性，更不理解道的本质就是静，那么，他虽然主观上想静，而实际上却难以入静。而当他研究了上述道理，就会慢慢提高守静的质量。其对道理研究得越深透，守静的质量就越高。这其中有个很有趣的现象，即不动脑筋的人不容易入静守静，而动脑筋研究“静”的机理的人反而易于入静守静。

这个看似很怪的现象，恰恰印证了“穷理尽性以至于命”的箴言。不动脑筋的人，由于他不去研究学习与守静有关的道理，因为不能穷理，所以他的心性就得不到解放。心性得不到解放，就会被七情六欲所牵缠。虽然一时想摆脱，但由于根深蒂固而到底不能摆脱。而能穷理，则心性能得解放。心性解放了，把一切都看透彻了，心中自无挂碍，入静守静自然方便。

守中妙法

大道之“中”，不内不外，不偏不倚，既无形又无名，不过为一种境界的形容。比如，像一个氢气球内部的中点，说它存在，实无存在；说它不存在，又确有其中。只是落入有形之物，方有了相对具体“中”的概念。比如脐下一寸三分之处，此为下丹田。将它视为规中，并非指它处于人体自脚跟到头顶的距离中心，因为它处于人体高度中心的偏下处，而此所谓规中，乃是指它是生命活力的始发点。这是从生命体与生命现象所寻出的中。然而，正是宇宙自然有了这个无极之中的根本，也便有了一切生化现象的发生。例如人之表情，正因为原无喜，才有了喜；原无怒，才有了怒；原无哀，才有了哀；原无乐，才有了乐。因为原来没有表情，才有了表情。由此看，没表情是本，有表情是末；没表情是恒久的，有表情是短暂的。由此扩充而论，没生命是恒久的，有生命是短暂的。中是恒久的，背离中是短暂的。故大道寻中、守中，就是返本还原，就是将短暂之生命附着于恒久之无生命上，以成永恒之生命。然而，原本的“中”是什么也没有，是无极。大道对此无极之“中”只是借用而已，只是借无极之“中”求得太极之“中”。如果说无极之“中”是无的根源，那么太极之“中”就是有的起始。大道修炼就是要用这有的起始，以成生命再生，以成生命超原质再生，永生。所谓“性定神清，神清气慧”，即还之无极之“中”；所谓“到此方见本来面目”，即见太极之“中”也。太极“之中”，以其静而生动，称为真阳；以其化育万象，称为真精；以其虚无中和，称为真气；以其灵明洞达，称为真神；以其命由此始，称为先天，真种子；以其性由此根，称为本来人，真面目；以其合法合度，合自然，有规律，称为理；以其先天初动，称为天机；以其处于无极之中，虚空之穴，称为玄关窍；以其万象由此发生，称为玄牝。名虽多而实一。

以在身中之“中”，求不在身中之“中”，此是大道修炼唯一下手妙法，学者万万不可等闲视之。

守中为半边学问

古代有丹家将守中视为半边学问，道理在于，守中一法只是一种寻根和守本的方法。因为修道虽然是有极的后天返还到无极的先天，这种返还无极只是追寻到生命的源头。而以后的修炼，它仍须遵循无极而太极、太极而两仪、两仪而四象、而五行、而八卦的循环规律。不过，这个循环圈层次变了，则由人的层次变为超人的层次、无穷循环的层次，即道的层次。所以它必须要同自然一样作周天运化。只有这种运化的无穷循环，达到极限，超质的生命才会形成。而这个周天运转的起始点和回归点，乃至必要的阶段，守中才具有特殊作用。

环境清静对人静很重要

虽然说集神于玄窍，可以关闭耳目，但这必须是在外部环境清静的条件下方能实现的。举例而言，一个人入静功夫很扎实，他可以坐在大街上练功而心神不动，但这只是外部对他无直接干扰才行。如果有人专门在他身边放鞭炮，或用棍棒捅他，用羽毛搔他鼻孔，那么就是再大定的功夫也难抗拒这种干扰而不为所动。因为人毕竟还是活人，即使能寂然不动，还能因感而遂通。这也很像冬天在土地里蜇眠的青蛙，它的蜇眠状态可谓大定之功，但如果在这时农夫翻地将它从土地里翻了出来，它还是乱爬乱动想再往土里钻，这时它就静定不了了。我们知道了这个道理，在领会丹法的某些单项要求时，也一定要把综合因素与条件连贯起来考虑，不然就会顾此失彼，甚至难以真正入门。比如初步下手集神入玄关，如果没有呼吸的配合，如果神气不交，那就堕入了顽空，反而造成极大失误。

说　　息

实际上，口鼻呼吸断绝之后的息，并不表示人体与外界的呼吸断绝，而是转为毛孔呼吸和细胞呼吸。即使结丹，也仍然有此种呼吸。不然，人体真与外界隔绝了，那还谈什么接受宇宙自然的造化。

说“真息”

何为真息？内呼吸即是真息，真息即是胎息，胎息即是先天自然呼吸。凡先天自然呼吸，便可造就生命的再孕育。大自然给生物界所有生物都赋予了这种先天自然呼吸的机制条件。例如植物，一生遵循的都是先天自然呼吸，所以它们都能完成自然天年。例如某些动物，如蛇、蚕、螟虫之类，它们可以周期性地反归先天自然呼吸，形成蛰眠，所以也就造就了生命的再孕育。

自然界的生物都有灵性，但大自然的安排，动物的灵性高于植物，而动物的灵性又分若干级别。但有灵性的动物，只要能周期性地返归先天真息，都会接受不神之神的再孕育，有的可使生命延续到限定天年，有的则可使生命产生异化，如蚕由虫蜕变为飞蛾等。在动物生灵中，人的灵性最高。大自然也赋予了人类蜕变异化的机制条件，而人类却由于私欲的扩张，无法周期性地返归先天真息，所以，娘胎的那种代表大自然的先天真息，对绝大多数人来说，一生就只有那最初的那一次。所以人类的寿命相对人类自身寿命可能超常延长的机遇来说，也就极其短暂。

实际上，人自娘胎生下，是可以顺应自然，不断再作周期性真息返归的，即所谓不断“重立胞胎”，所以人的寿命可以有几千岁，或者更长。古书上对此有不少记载，在佛教和基督教里对此也有记载。但大多数人类因私欲扩张，错用灵性，使先天赋予的灵性不能再返回先天，不能“重立胞胎”，所以生命自然不能长久，更不用说能蜕变异化了。但人类能“重立胞胎”的现象，仍被人类中的极少数人继承了下来，更由自然行为变成了自觉行为——这就是仙道功夫，名曰仙学。由于人类已经变得越来越背离自然，所以这种自觉顺应自然的先天自然呼吸行为，就显得艰辛而难能可贵。由于大多数人类背离自然越来越远，所以不神之神的自然现象以某种形式的再现，反而使大多数人感到神奇，不可思议。真所谓：真无人识真亦假，假为人奉假亦真。

凡息与真息

内丹修炼需要的息乃真息。真息又名胎息，乃是无息之息。口鼻呼吸为后天凡息，是内丹修炼所要摒弃之息，故黄元吉曾说它有害于身心性命，但这个说法也是按修道人的境界而言的。试观世上凡人哪个不用口鼻之呼吸，何况这也是上天所造，若言它低劣于真息纵然千万倍，教人容易接受；若说它有害于身心性命恐于大理上偏激，令人难以接受。

其实修道，依黄元吉之法，也得凭借后天凡息慢慢导引，可见凡息也是入道之梯航。若人生下来便无口鼻，此儿必死无疑，断然不用与他谈日后修道用真息之事。

神　息

神息不分阴阳，或称阴阳合体，它的自然特征是无开合、无升降、无出入、动静合一，非体感不能尽述。

何为天然神息

以现代生理科学推论，人的每个毛孔都具有呼吸功能，人身的每一个肉体细胞，也都具有呼吸功能。先天状态下，细胞以其局部小系统，通过与这小系统相关的毛孔进行呼吸。这种呼吸的频率极小，小到基点即呼与吸的同步震荡，而这个震荡源、震荡中心就在丹田。因为胎儿就是这种呼吸方式，所以称为胎息。又因为这种胎息是大自然造就的，与大自然呼吸相同，所以又称为天然神息。

静与胎息

人之口鼻呼吸之息之所以发生，是身与心两者之动造成的。身心大动，呼吸就剧烈；身心小动，呼吸就平缓；身心不动，口鼻呼吸就停止。

世上有三种人口鼻呼吸是停止的：一是母腹中的胎儿，一是修道深入大静大定的人，一是死人。这三种人所不同的是，前两种人口鼻呼吸虽没有，但却有绵绵不断的内呼吸，即胎呼吸；而后一种死人，口鼻呼吸没有了，内呼吸也断绝了，实际也就不存在内呼吸。而前两种人也各有不同，胎儿的胎呼吸是借助母体而呼吸，而修道人的胎呼吸却是借助天地自然而呼吸。虽然我们说，修道人的人身是父母生的，他的胎呼吸与最初产生他的母体不能没有关系，但追溯源头，还是来于大自然。然而我们还要说，修道人的呼吸是自我再造的，是主动进行的生命再生修为的特殊现象。以静心而言，胎儿之心也是静的。但胎儿的心静是从先天而来，不由自主。而修道人的心静是修为的结果，是自觉的、自主的。胎儿的心静是未产生后天智慧的先天空白心灵，而修道人的心静则是收藏后天智慧，消化后天智慧，以充实先天空白心灵，使先天心灵得以升华，复变为圆通大智慧的先天心灵。假设我们做一个试验，让一个婴儿从生下地以后，一直供给他最好的营养使他生理得到最佳的发育，而不让他接触到他身外的一切，直到成人后再让他开始接触身外一切，那必然的结果是，这个人完全就是废物：有腿不会走路，有嘴不会说话，有眼不能识别物象，有耳不能感知音响，有大脑不会思考问题……唯修道人不同，穷理而尽性，先明大道之理，得后天大智慧，再收藏智慧，消化智慧，以后天返先天，方得先天圆通大智慧。所谓修炼之奥秘也在于此。谁见痴傻之人可修道乎，可成道乎？谁见猪狗可修道乎，可成道乎!! 道理也正在于此。

大道修炼，正是借天地自然赐予人之灵性，复将此灵性返归先天，接受先天的再锻造。其结果，返复之先天就并不是娘胎那时的先天，而是灵性升华的趋原质先天。修道所谓的玉液还丹，就是将土一样的肉体炼为玉；所谓的金液还丹，就是将玉一般的肉体炼为金。这种功夫层次的递进，就是超原质再超原质的过程。

真息与调息

内药采炼是洞见玄关之后的事，而洞见玄关又以真息出现为征验。

真息也称胎息，如同婴儿在母腹受孕，没有自我的口鼻呼吸，皆借母体呼吸为呼吸。这对于婴儿来说就是自然呼吸，就是先天呼吸，就是真息、胎息。

胎息也有两层：第一层，口鼻呼吸虽断，而胎息仍有内部鼓荡运化频率；第二层，没有鼓荡运化频率，处于空明圆通的无息之息。这两层，前者是胎儿渐长，太虚真息因母体阻隔不得维持，故必借母体有频率的呼吸而补足营养运化；后者则为胎儿肇始之时，全凭太虚真息滋养，故是无息之息。

但无论怎样说，人自离开母体落入后天，先天胎息就已结束，再欲获得胎息，必须自己去创造条件，这就是以后天返归先天。人的后天呼吸通道是口鼻，故返先天真息，就只能由口鼻呼吸开始下手调训，以完成过渡。

古代人冶炼金属（包括外丹）的炼炉，使用的鼓风器是皮革缝制的，称为橐龠。内丹修炼家借橐龠来比喻呼吸之息，故“橐龠”可分先后天。

此“橐籥”即先天真息，但它要借后天口鼻呼吸才能渐呈其象。这一过渡法即调整身心，顺其口鼻呼吸之自然，让它由粗及细，由强及弱，由短及长，由显及隐。迨至周身经络畅通，口鼻呼吸息息归根，终而对外断绝，真橐籥便正式呈现。

而在周天运转中，为了保证元气的升降运行，在尚未纯熟的前期搬运中，发挥后天呼吸的配合作用是不可少的，是很重要的。如在混沌状态下，先天一阳发生，为及时采炼不使走失，就当借用后天呼吸“扇风加火”，此称之用武火。如在逆升督脉时，勿令元气从会阴穴下行或外泄，也当借用后天呼吸之吸，加以吸提之力，催逼其逆升。当然这些方法，虽用后天，却要与先天相合；虽出于人为，却要与天然无违，否则就会出偏差。

调息火候法诀

调息的火候相当细微，大致有以下几种：

一曰摄取之息的调息火候，其法在心能虚能谦，那么真精才能入于身心这个炼丹的炉。这叫做缩地法。

（按：心神为内药，精气为外药，心神不能虚谦，内药不就，内药不就难以召摄精气之外药。此时外药如同远在天边。内药既就，外药立感而至，如同近在眼前。将远在天边之外药立召而至，即如同有缩地之法。）

二曰采取之息的调息火候，其法在于心神不动，不要动采的意念，药自然就归来了。这叫做拿云手。

（按：药即精气，系无形无象虚灵之物，犹如云雾处在空中，空中有风动，云即飘散，无风动，云即停留。心神犹如天空，意念如同风，心神动念，风吹云去，心神不动，精气之云留而不去，此为不采自采。故称心能静观叫做拿云手。“手”，行家之称谓，如能手，老手。）

三曰交媾之息的调息火候，其法在于人的感官知觉及思维完全处于静定状态，丝毫念头也不生。

四曰进火之息的调息火候，其法在于真气壮旺时要以真意催逼，这也就是通常讲的起巽风，运坤火。

（按：真意催逼就是将真气由会阴穴引入尾闾，沿督脉上行。逼非用猛力，而是意的专注。专注非死专，乃安静而专一。起巽风是配合内外两层呼吸，外呼吸即口鼻呼吸，内呼吸即胎呼吸，此时内外呼吸频率一致，真意顺其吸而导气上升，呼则不管。运坤火者，坤者，阴静之极也，柔顺之极也。真阳之气在前，柔静之意随后，即坤火也。）

五曰退符之息的调息火候，其法在于周天行毕，以神敛气，复还虚静。这叫归根复命。

（按：气自虚无中生，生而运，运而化，化而返，复归虚无处养。有生有养，方成生生不息之象。由先天而后天，气为神母，生气乃生神；由后天而先天，神为气主，神敛乃气聚。神气之用犹如自然界之植物，春生夏长秋收冬藏，有此周期回归，方有来年复生。春生夏长为进火，秋收冬藏为退符。）

六曰卯酉沐浴之息的调息火候，其法在于保持柔和而已。

（按：进火不使进之猛，进之速，此为卯沐浴；退符不使退之急，退之沉，此为酉沐浴。沐浴者，温柔滋润闲逸之喻也。）

调息者，使神系息，使息恋气。息者媒也，所媒者，神与气也。所谓调者，一半依人，一半顺天。依人者，人法天也；顺天者，天合人也。总而言之，顺其自然也。察自然，效自然，用自然，此乃依人；守自然，任自然，然自然，此乃顺天。依人顺天，乃调息之纲纪。

以上这些调息火候，与法度、器用，必须相互联系参照去加深理解，并亲自观察和讨教那些正在进行调息功夫的人和已经取得成功的人，调息功夫才能做得合宜。

“凝神调息”法诀

在本门三丰太极内丹修炼体系中，“凝神调息”，既为基础功夫，也为首要功夫。但下手功夫为三调：即调心、调息、调形。凝神调息虽为三调之主要，但离开调形，仍未完全。

所谓调形，就是行立坐卧四法，离不开中正、松柔。当然，行姿、站姿、坐姿、睡姿都还有具体的讲究，最终却以松柔为原则。古代学道者，弟子跟随着师父，调形之法一点便会，故丹经很少专论。而凝神调息，非但功内有功，重在功外之功，故丹经百般强调。但今之学人若以“凝神调息”为唯一之法，而不知还有调形之法，必然导致无从下手，还会因为调形不得要领，致使神不能凝，息不能调。

张三丰有所谓“凝神调息，调息凝神，须一片做去，分层次而不断”之训，依层次而言，当先凝神后调息。神能凝，息便易调，息能调，必更利凝神。两者既有先后，又相连贯。再者调心，重在功外炼己。炼己不纯，功中无论怎么样调心，也难以达到心神清静的效果。如果功中自劝自勉能够解决问题，那也是在功外的人生观、世界观上解决了通达的效应。功中只是平时有些小事挂在心上，一经劝勉，立即化解。如果未能解决人生观、世界观之大事，遇事执著不放，再劝再勉也不能解决问题，故凝神之法贵乎功外之功。

再者，气穴即丹田，初学之人甚难晓知其准确部位。我示一法：凝神调息后，息息归根处，即丹田，即气穴。真气萌动处即丹田，即气穴。不必若心追寻。

凝神调息法诀

凝神之凝，乃聚结之义。神不外驰，自然凝聚。然神不外驰，也不能内想。一有内想神仍不安，故非能凝。所以丹经说“外想不入，内想不出”，此为神之真凝。

因为脐下一寸三分处下丹田为人生之根，故凝神之下手就须将心神汇聚在这个地方。初不妨意念专注一些，以一念代万念，可获排除杂念之一定效果。一旦丹田吃紧，就赶快放下专注之意念，以淡淡之心关照就行了。如此习之纯熟，杂念亦已消除，一旦入静，即不意守丹田，真意也自然会关照于此。此中玄机，须得功中千百次调训试验，自会将分寸把握得当。当然话又说回来，若以为老师一点破就能彻底解决问题，那是没有的。故而前人说：“师父领进门，修行在个人。”

人的呼吸是先天就有的生理自然运化机制。在先天未被破坏的情况下，呼吸的频率是均匀的、柔和的。而当人在后天生存中，心理和身体造成了偏激的活动，呼吸的均匀柔和频率便被打乱，呈现为不同程度的粗、短、大形态。这种偏激形态不仅仅是破坏了均匀柔和的频率，最主要是使原由丹田联结肺部的共呼吸，渐渐变为由肺单独承担，并通过口鼻出入的外呼吸来维持。而根植于生命动力源、能量源的丹田呼吸，却从此微乎其微了，再也不能被人感觉到。这也等于说，原来以丹田为主而肺从属的先天而后天的自然呼吸，改变成了由肺独家承担同时又勉为其难的非自然呼吸。肺的劳动量过大，超过了它的正常负荷，因此它必将过早地损坏。到它处于勉强支持工作的时候，由肺开始导致的连锁疾病就反映出来。到肺工作停止，人的生命也就结束了，所以调息就是修炼下手的重要功夫之一。

所谓调息，首先从口鼻呼吸入手调节，使肺呼吸回到均匀柔和的频率上。此步调节的成功与纯熟，会使肺呼吸均匀柔和之频率渐趋向“中”、“平”状态。一旦达到高度的中平状态，肺呼吸就会停止，而归根到丹田呼吸。这种纯一的丹田呼吸，即如婴儿在母腹中的呼吸态，故称为胎呼吸，先天呼吸。到这时也就是玄关窍开、玄牝现象的时候。然而所谓调息，实无别法，纯是顺其自然呼吸，不加丝毫人为干涉。关键在于心静、形正、体松，周身关窍脉络通畅。所以，调息的过程，一定要有调心（即凝神）和调形的配合。无此两者的配合，调息是难以完成的。故“中、平”二字诀要落在心、息、形三者上，使“三平”归于一“中”，玄关一窍自可开也。

再说“凝神调息”

人自先天而生，先天就具备了生理上的一切自然调控机制，最完善，最合理，无须人后天的主观干预。人在后天之所以生病患疾，其重要原因都是由于身心行为偏激，破坏了先天最完善、最合理的自然调控机制，而其中最关键的就是破坏了自然呼吸。呼吸不自然，内气运化也就不自然，从而导致连锁性的生理病变，故修炼大道以凝神调息为首务。凝神是寻我真人，调息是寻我真息，其方法不外消除主观顺应客观而已，故我惟致虚守静。我愈静，真人真息现之愈速，筑基之效愈快。百日之功，好比人在娘胎里百日成形，只是个比喻。炼之得法，不用百日即可得筑基之效。炼之不得法，一年二年，十年八载，甚至一生也无法得筑基之效也。

神与气

以人的生命现象而言，后天的识神乃至比识神更重要的真意明神，都是来源于先天之气。神的本身是一无所有的。有气即有神，无气便无神。比如灯火，气是油膏，神是光亮。在先天，是先有气而后生神。但在后天，先天气虽仍是生命之本，但神却可以左右这生命之本。即是说，神的行为，既可以导致先天气的耗散，招致生命祸患夭折，也可以导致先天气的巩固、凝聚、壮大，使生命再生、永生，修道者修的即是后者。那么，由此我们可以清楚，后天的心神虽然自身一无所有，但在内丹修炼中，它却可以招摄先天元气的到来。这种以神摄气的关系就像月亮和太阳的关系，后天心神就像月球，是个自身不发光的太阴之体。正是这个太阴之体，它却可以反射太阳的光，而且随着太阳光照射面的多少出现周期性的盈亏圆缺；每个阴历的月初，月球受光面少，即出现月牙、眉状弯月。这个时候，月亮的出现是在晚上的西方。按天干五行排，庚辛为西，故名“庚方月现”。用来比喻内丹修炼，就是心神进入高度入静的无极状态之后，丹田产生了微弱的先天元气的初动。心神持续地静，先天元气不断壮旺生发，这就像是到了阴历十五、十六的晚上，月亮大而圆，明且亮。这种月亮圆亮的情况反映了阴与阳的最完整的交合，也即神与气的最完整的交合。故名“西南得朋”。西南，为后天八卦阴坤之位，在人体为腹，喻指下丹田。“朋”，本义是相对的双方。古时货币以两贝为一朋，一贝不成朋，后引申为和谐友好的一对朋友。这里特指阴阳。阴要真阴，只有真阴才能召感来真阳。阴若不真，阳即不纯，算不得内丹药物。而心神的真阴状态，也就是念头全无，虚极静笃的状态，就像一个空旷深幽的峡谷。如此先天真阳之气才如云雾渐聚渐浓，自由自在滚动飘荡于峡谷上下，显一派浩荡之气派。修功者处于这种功态之中，其感觉就像醉饮天界的美酒，那种醉眠两似、美快舒愉无法言说的感受，即正所谓“笑倾玄酒，宴饮黄中”。

上述的功态现象，还可以用另一些比喻来加以说明。例如中国传统的秆，它是以十六两为一斤，八两就是半斤。一斤由两个八两的半斤所构成。若将这一斤比喻为十五日晚上的满月，这满月就由八两阴八两阳所构成，此名“二八成就”。在古神话传说里，太阳就是金乌鸦，月亮里则有月宫玉兔。故后人言太阳和月亮，便以“乌”“兔”代称。象征元气的太阳与象征心神的太阴（月亮）相合，即为“乌兔混融”。神气混合，渐炼渐纯，生而为光，照耀上下。而此时我心真意不动，坐镇中宫，任其运化。此名“神光默默，黄屋玄翁”。“黄”为中土之象，“玄翁”为龙钟老诚之态。

安神聚气，静心和气

就宇宙自然而言，阴静无极的时候，有炁没有神。静极而动，阴中生阳，无极而太极，就有了神。神由炁生。然有了神，神便为炁之主宰。这犹如蜂群，蜂群原无蜂王，蜂群发展到一定规模，就自然拥戴或孕育出一个蜂王来主宰蜂群。蜂群迁徙，只要蜂王落在那里，就会将蜂群聚拢到那里去。

故安神以聚气，静心以和气。

人身神耗气损，多因烦恼而起，烦恼又因名利之争而生。故养神养气在于戒除烦恼，戒除烦恼又在于消淡名利之心。

“回光返照”解

“回光返照”的正确理解与运用，“回光”，就是将以前外用的神思收回来；“返照”，就是将神思的信息返还为生命能量（即元气）储存起来。这犹如手电筒的电池与灯泡，我们将电源开关打开，手电电池的电能就向外输送，手电的灯泡就发光向外照射。我们再将手电电源开关关闭，电能保存在电池里不用，这就是“回光返照”。

人体譬如是蓄电池，它与电源接通，并且不耗费电能时，就不但储存了原来的电能，而且还能不断接受输入的电能，直到它所承受的极限。这就是“回光返照”以后的持续功夫，“回光返照”属于节流，不再造成生命能量的消耗与浪费；而再接受天地自然的元气来入我身，此则为开源，为增加生命能量的积蓄。能将节流与开源得用一身，内丹仙学的法尽矣。

神气交合效应有无数种层次

神气交合效应是有无数种层次表现特征的：神气有一分交合，自会有一分的混沌境界；神气有十分交合，自会有十分的混沌境界。此言是千真万确的经验之谈。譬如玄关窍开，昨日之窍开与今日之窍开，感受便不相同。前时期与后时期之窍开，去年与今年之窍开，感受都大为不同，总之是步步升华。这些感受用十种八种甚而百种描述，也都是极其有限的，故而前人一般不愿描述。有时为让后学知道一些，勉强选择一些突出的描述，又担心后学会以这些为准则，而落入文字相。

这真是：说之难，难在道妙万千变。欲不难，非得舵手自撑船。江峡步步有奇景，随波逐流自己观。

“三调”之要

所谓“三调”，即调心调息调形。“调”者，以心息形偏激而言，皆称为病，故必调之使之康复。心有病故须调心，息有病故须调息，形有病故须调形。三病既无，三调自成。三调既成，玄关即立。故三调也就是筑基的过程。

所谓百日筑基，是得玄关之后的一个特定功夫完成阶段。但这个筑基之前的三调阶段，仍属筑基范围。比如盖房，百日筑基是正式落石下脚，而落石下脚之前还有平整场地、开挖基壕之过程。人的后天心、息、形状况，就像盖房选址，各自情况不同，基址的固有条件也不同，盖房前，基址好，筑基所费的功夫就少；基址差，筑基所费的功夫就大。

有人说，筑基功夫就是修心炼性功夫。若以大道修心为首要，这只说对了一大半。还有一小半那就是调息、调形。然这一小半也是不可或缺的，缺之则筑基难成。我以丹经每每少谈调形之法，甚感遗憾。今之学人，不可不知。

丹田的虚实守忘

丹田在人身，既有实指的部位，也有虚指的部位。实指部位即脐下丹田，而虚指部位可指全身。实指部位下丹田，只是个下手起始点，而虚指的部位整个腔子却是个大丹田。内丹法诀的奥秘在于，下手无明确起点不行，而功夫到一定程度，死守起点或全忘起点也不行。丹道修炼有似操纵机械，开始有起动之处，以后又要照管机械全部的运作情况，看似复杂，确也复杂，而到你得心应手之时，你也便不觉其复杂。

入真虚与三调

欲达真虚，除凝神、调息之外，还有一个调形的方法，务使身端体正，如同天平一般恒稳。有此三调，才有可能达到真虚。无调身的配合，想达到真虚是不可能的。莫说真虚，即使凝神、调息也做不好。试想，如果身不端、体不正、形不松，身体就不自在，不舒服，那么，凝神难疑，调息息难调。纵能得虚，必是空想之虚，落于顽空，难得真空。观黄元吉语录，极少强调调形和动功的配合，实为一大遗憾。

虚有四等　分真分假

虚有四等，分真分假。其中有三种虚为假虚，有一种虚为真虚。仙家上上乘法，要的是后一种真虚，而摒弃前三种假虚。

然而古今来修丹之人所以进不了上上乘法门，都是自觉不自觉堕入假虚所致。堕入假虚之误，又是不得用意之关键要害所致。

譬如，有一种人，他也入了门，身上有了初步的气动之感。但他不知神与气合的重要和相关方法，错解无为大道，就把一个心神放在什么也不想的空无之处，结果就落入空空之虚。神既归空，气便无主。神无气养，神落空亡；气无神主，气终消散。所以，这种人修来修去，还是空修一场。他们与一般人相比，由于神与气都不是主动消耗，尚具一定的存养价值，对于缓解病情，延长寿命，还是有一定效益。但终不能入丹道之堂奥，故不能避免老病而死。

譬如，有一种人，尚未经过导引之门，后天凡阴凡阳都未得到一点锻炼，他便去做那静坐之功，既不懂调形，又不知调息，死死去做清心寡欲坐忘之功，这就落于死死之虚。这种人的下场，甚或比不练功的人还糟糕，没病还会坐出病来。

还有一种人，把入门的导引法视为修炼始终的宗旨，肉身上现出了后天凡阴凡阳种种景象，尚只是有感有触、有方位有处所的假虚，他们便意守住这假虚，以为见了无上之大道。在这个层次中，因为凡阴凡阳之气可以受意念指挥，发放出体外，产生出常人不可能产生的超常功能，这就常常会使这些人以为获得了丹功的本质和规律，而最终不能进入高层次功夫境界。

而丹家所说之真虚，是玄关窍开启后的境界。而玄关窍的开启，具有许多严格的先决条件。就练功层次而言，是神与气高度融合，经过反复锻炼运化，凡阴凡阳中生出真阴真阳，真阴真阳招摄来先天元神、先天元气的现象。从练功状态上来讲，是处于胎息阶段。就生理而言，疾病完全消除，百脉通畅，每个身体细胞都处于空灵状态。所以在功态下，人体与宇宙自然完全融化为一体。它绝不是一种感受上的虚，而是真空真虚。

数息法诀

数息，即默数自然呼吸的次数，由一数至百千。其作用在于集中思想不使外驰。此法为一种万不得已的勉强之法。但也是诸多导引法中的好方法，不会出偏。但数息法的诀窍，在于既认真又不认真。如数到某数上一下忘了是多少数，就不必去回忆思索，可从一再数，忘了再重来。数息法纯熟，心神渐能凝定，可换用听息法，先用耳返听自然呼吸出入升降，以后用心听呼吸，最后以呼吸听呼吸。这是指一个较长时期的渐进过程，不要误以为在一次练功中就换这么多方法。

呼吸与丹田的关系

关于呼吸与丹田的关系，前人的丹经论述都极简略，甚至一笔带过。我于此作一简要论说，以后可作专篇论述。

人所共知，当胎儿还在母腹中受孕时，胎儿是没有口鼻呼吸的。此时呼吸是以脐下丹田为中心随母呼吸而呼吸，故名胎息。胎息状态下人的生理功能非常通畅谐调，经络、脏腑都在胎息的鼓运中毫无阻碍地运化发育。而到十月胎圆，呱呱坠地，脱离母腹的婴儿为了能独立地存在，就不得不另立呼吸的门户，“哇”的一声打开口鼻，开始从天地大自然中补充呼吸。口鼻呼吸是以肺为机关的，但最初它与丹田紧密联系。即口鼻呼吸的呼吸工厂在肺，而呼吸之根仍在丹田。随着后天渐长渐大，人的生存行为违背生理先天运化规律越来越严重，肺与丹田之间的联系逐渐由越来越微弱直到断绝。失去先天丹田之根的肺呼吸，其运化功能就难以至微至细，于是致病因素就会不断增加。而内丹修炼的调息，是要先从后天口鼻呼吸调起，使之归于自动调节的自然状态，渐渐向至微至细过渡，最后与丹田再发生连接，使之返归先天胎息，以主动积极行为去进行第二次生命再造。

先天胎息与后天凡息

先天胎息是无呼无吸的，然而它也得借助后天凡息，不然无法运行。而后天的凡息，如果没有先天的胎息，它就失去主宰，而发生紊乱。由此我们可以看到，所谓胎息，首先是宇宙本质的理，是无形的。在后天的人，胎息便是虚静自然纯洁的心性，即带先天本性的心性、元神。而伴随先天心性的则是中和的灵阳之气。所以，有元心处便有元理，有元理便行元气，这叫做同类相亲。人能够将凡息停断，真机就会显现，凡息也都化为胎息。如果杂念未除，私欲未尽，纵然发生短时间的胎息，那胎息还是凡息，这个道理可供学功之人仔细辨识。

胎息与母胎之息之不同

功态所要达到的真息，虽也比喻为胎息，但它与母胎之息仍是不同的，母胎之息虽不由自己做主，但主体是母亲。母亲的呼吸来自口鼻，故这种胎息仍是随母亲口鼻呼吸而呼吸，有明显的鼓荡频率。而功态达到的胎息，主体是自家命根与宇宙自然的连接，故主体是宇宙自然。功态下的胎息有渐进的过渡，即初级阶段也有鼓荡频率，然达到纯以主体用事时，就没有鼓荡频率了，乃是一种非动非静，即动即静的太极之息。从人体外表特征看，口鼻呼吸完全停止，六脉俱停。从练功者自我感受看，体内体外融为一个圆融空明整体，呼吸无任何障碍，呼即吸，吸即呼，两者无所分别。这种呼吸也就是“屯蒙呼吸”，就像炭火埋在灰里。在“屯蒙呼吸”状态下，人体后天阴阳水火都会萌发出先天精华，识神生元神，凡精生元精，在后天，识神为“离”，凡精属“坎”，故称“坎离精”。实际上两者也都为一气，即元气。因人生之后，元气之一端化为神，造就了自我的心神意念，故此异化了的元气称为“己”；另一端化为精，造就了生命的物质根源，故称为“戊”。

胎息最初呈现时给人的感受

胎息的最初呈现，先有一个外呼吸停止后的酝酿过程。仅这一个酝酿过程就需一个相当阶段，其间有丰富多彩、不可尽言的奇妙舒愉感受。尔后，身心在虚空境界下形成一个旋涡运转态。旋涡的中心点正在下丹田的命蒂上。这个中心之点，感受明显，丹家所谓黍米之珠正是。这颗黍米之珠由“旋涡”内聚产生，有时也会从杳冥虚空无旋涡感的境界中产生，不一而足。最初产生时，丹田有一个核心点即黍米之珠的无穷实之感。继而，这黍米之珠就渐渐释放出能量信息——含气的光，含光的气，自身也随着能量信息的释放而释放。久而久之，黍米之珠解化无存，而通体变为空明圆通。黍米之珠解化的过程，也即前面形容的各种景象。这里显而易见，初步的胎息与深熟的胎息，其间归元生阳的程度是大不相同的。所以，最初进入胎息者，切不可将最初感受视为得到了至上果实。

文胎息与武胎息

胎息的运用有勉强与自然之分，和为文为武的用法。

人如果屏住口鼻呼吸，强制意念不动，丹田就会发生鼓荡，这是勉强的胎息。勉强的胎息虽能产生，但不能持久。而且它的产生，还必须以深呼吸的后天之气来维持。后呼吸之气供完，它便无法维持下去。

人在心神完全处于宁静状态，身体非常恒稳松柔时，由口鼻呼吸平缓后渐渐达到的胎息，就是自然胎息。自然胎息在无外部干扰的情况下，可以永恒存在。任其自然胎息运化，为文胎息；以真意借运胎息导引元气进行采炼，为武胎息。胎息在先天为后天，在后天为先天。

“神抱气”“意系息”解

何为“神抱气”？神不外驰而内聚，自然抱气。比如炮筒与炮弹，炮弹不向外发射，它就处在炮筒里。

何为“意系息”？意不乱想，一心用于听息，先以耳内听，次以心内听，复以气听息，此即为真意系于真息。

神即意，气即息。然神意有先后天之分，气息也有先后天之分。不神之神为先天真神，不意之意为先天真意。动神之神为后天识神，动意之意为后天凡意。“神抱气”之神，“意系息”之意，皆为先天神意。无气之气为先天真气，无息之息为先天真息。动气之气为后天形气，动息之息为后无凡息。

“神抱气”之气为先天真气，“意系息”之息为先天真息。大道修炼，以后天返先天，故下手之时，先以识神抱形气，先以凡意系凡息。抱得紧，系得牢，再渐渐撒手放下，识神安伏，凡意退隐，形气渐消，凡息渐停，自然先天神意、气息一齐出现。这其间先后天两者有过渡，有交接。比如季节，由夏转秋，先有一凉，后仍继热，再凉再热，几番过渡，便正式到了秋天。秋转冬，冬转春，春转夏，皆有类似交接过渡。丹道效法自然，故也如此。

然气有“内藏之气”，有“外来之气”。“内藏之气”即身内元气，“外来之气”即宇宙自然元气。有形的人身与无形的自然相对，人身为阴自然为阳。阴主静主承，阳主动主给，人身元气保固，对外部自然元气会形成吸引场，从而大量吸收外来之气，此名为“抱”。待体内元气充盛，便会按子午流注线运布周身，主流行任督周天，支流达四肢，行百脉。主流既通，四肢百脉、周身细胞也都渐次畅通。故河车之路通，筑基之效已得一半。

何谓虚无一窍

所谓虚无一窍，就是神气合一、身心俱空、无内无外、光明圆通的境界，是养胎功夫。与前收回的药物采入金鼎玉炉炼丹，既相同又不相同。前为炼丹，还有一个似有似无的点，此为养胎，像婴儿在母腹中接受母体之气滋养，全为混沌，无点可依。

关于“玄关一窍”

关于“玄关一窍”，前人论述颇多。如《中和集》认为它“初无定位。

今人多指脐轮，或指顶门，或指印堂，或指两肾中间，或指肾前脐后，以上皆是傍门。丹书云，玄关一窍，不在四维上下，不在内外偏旁，亦不在当中，四大五行不着处是也”。此代表了正统内丹学家的实践论证。但“玄关一窍”究竟指的是什么，却是历来丹家不传之秘。不知它，不得登堂入室；错认它，又会误入歧途。唯有清代黄元吉在《乐育堂语录》中对“玄关一窍”针指明示。对此，我在《乐育堂语录注解》卷四“玄关多端”一节里有详细注解。而且黄先生还认为“玄关一窍”是有层次性表现的。即炼精化气阶段有炼精化气之“玄关”，炼气化神阶段则有炼气化神之“玄关”。希望感兴趣的读者能认真通读这部经典。依我个人的实践体悟，可将“玄关”分为三层次、三阶段与三种表现，即性玄关、命玄关与性命合一之玄关。前两者可依下手时先性后命或先命后性而分先后，后者则是必须同一的。

“玄关一窍”谈

内丹修炼以玄关一窍立基，无此基础则无从谈修丹。玄关一窍也称玄牝之门，得入此门才有化生的肇始。

然而，无论说玄关一窍，或是说玄牝之门，它只是可供练功者自己感受的一种境界，是没有任何有形凭据可依的。

《道德经》曰：“谷神不死，是谓玄牝。”这是指将神处于一种不动但灵明的静态，就进入玄牝之门。

《金丹四百字·序》：“夫身中一窍，名曰玄牝。此窍者，非心，非肾，非口鼻也，非脾胃也，非谷道也，非膀胱也，非丹田也，非泥丸也。能知此一窍，则冬至在此矣，结胎在此矣，火候亦在此矣；沐浴在此矣，结胎在此矣，脱体亦在此矣。夫此一窍，亦无边傍，更无内外，乃神气之根，虚无之谷，在身中而求，不可求于他也。”此说虽言在身内而求，而身内凡有名相处皆不可求。

张三丰在《道要秘诀歌》中曰：“看玄关，无它诀，先从窍内调真息。气静神怡合自然，无极自然生太极。一息去，一息来，心息相依更相偎。幽幽细细无人觉，神气冲和八脉开。照此行持的巧妙，玄关何必费疑猜？”在《大道歌》中指出：“黄庭便是真玄关。”在《道言浅近说》中指出：“玄关者，气穴也。气穴者，神入气中，如在深穴之中也。神气相恋，则玄关之体已立。”

但有些丹派将玄关指为身中某一关窍，大概也是出于从有形至无形的导引过渡作用。如张三丰言“先从窍内调真息”，也可视为从丹田凝神调息渐入玄关。总之，若明说，玄关即是神气相合静至极、动之初的那一个临界点，它以胎息为呈现契机。所谓“地天收在玄关内”，“地天”指阴阳，指神气，两者相合即有玄关显现。玄关现象，真阳始生，而后方有河车运转之功。但伴随着玄关现象，真阳始生，常会发生内呼吸的吸提回逆，即一度呼吸中断，而后呼吸又从混沌中回复，由鼻孔发出沉闷的响声，炼家比喻为“夜半惊雷”。又曰：“忽如夜半春雷动，千门万户次第开。”

追寻玄关一窍

玄关一窍，实难以用准确语言描述。能描述者其实并非玄关。然而，不描述则使学者无踪可寻。所以说，描述只起向导作用，追寻玄关只能靠练功者在正确要领指导下，反复实践，反复摸索。错了不怕，知错即改，而后才有可能渐悟渐得和顿悟顿得。

玄关显象

玄关显象，有一般情况，有特殊情况。按大多人的习惯经验谈，玄关显象，有阳物勃起，有会阴穴酥麻等征象。但人与人不同，此种情况不可能在每个人身上同样发生。而唯一共同的表征，可反应在周身酥软舒愉这一点上，认准这一点是最可靠的依据。

九层玄关法诀

白紫清老先生在他的《玄关诀》中说："所谓玄关，就是寻求本元的关口，是打开玄妙之门的机关。玄关，既有体，也有用。"

什么是玄关的本体呢？那就是寂然不动。这寂然不动不是死寂，不是昏沉，而是心灵归于本位之上的澄静空明状态。

什么是玄关的作用呢？那就是感而遂通。感而遂通不是随之起伏动荡，而是空来应空，事来应事，物来应物的明明白白、不加修饰与转换的灵敏直觉回应。如钟之空悬，叩之即应，叩重则音旷，叩轻则音微。

在修炼的静坐功中，首先当寻求玄关的寂然不动之体，死心死念，进入混沌杳冥境界。这种境界保持到一定的时候，神气就发生交媾混合。神气交媾之初，其景象与感受是浑浑沦沦，这可视为是进入了一个层次的玄关。通常所谓达到"四大五行不着处"，也就是指的这一层玄关景象。（按：四大，佛家指地、水、火、风；道家指道、天、地、人。五行，即金、木、水、火、土。这里“四大、五行”泛指一切有形与无形现象。所谓“四大五行不着处”，也就是指进入了无人、无我、无物，全归于虚空的境界。）

当神气完全交媾混合的时候，练功者已不知有自己的存在，处于昏昏默默、杳杳冥冥的状态，这又是一个层次的玄关，通常所说“无声无臭，无内无外”，指的就是这个层次的玄关。（按：前两个玄关，就是《道德经·十六章》所云“致虚极，守静笃”的两个递进层次，由初步的虚静，到彻底的虚静。）

由于人心死而道心活、人心停而道心动的缘故，虚静达到了终极，先天真阳之气便在静态下开始萌动，玄关的作用也就从此出现了。真阳之气一经萌发，混混续续，兀兀腾腾（按：混混续续，指生发如抽不断头的线。兀兀腾腾，指运作充上弥下，如同笼中蒸汽）。这种真阳之气从浑圆的境界中发生，又是一个层次的玄关。（按：此即《道德经·十六章》所云“万物并作”的景象。）通常所说“念头起处为玄牝”指的就是这一玄关层次。（按：念头者，真念也，即元神用事也。元神者，道心、天心之谓也。玄者，本元也，即真阳之气也。牝者，母也，即真阳之气生人生物之谓也。）

由于真念带动引发了真阳之气的产生，而真阳之气的产生又给了真念感而遂通的灵觉，这时功态反应犹如醉后初醒，表现为一种最纯净灵明的觉悟（按：元神由无知的先天转为有知的后天，无极态转为太极态，无极态可视为大自然宇宙本体态，太极态可视为小自然宇宙本体态。元神在大自然宇宙本体态中可称元神，当转入小自然宇宙本体态中，因为表现为角色化、个性化，为示区别，可称明神、真意。在古代丹经里，元神与真意本有体用之别，但通常多以“元神”混用，常使读者无法辨其体用之别，故此特作澄清，以明后学。）这又是一个层次的玄关。通常所说的“时至神知”指的就是这个玄关层次。（按：此即《道德经·十六章》所云“吾以观其复”的情况，即先是昏昏默默，此时是明明白白。）

到了这个时候，练功者以明神真意坐镇，任凭真阳之气的生发，完全顺其自然，好像我与真阳之气是一个木偶，完全由着大道自然规律的牵动。等真气壮旺到一定的程度，有逆转回天的形势时，我以真意顺其势微微导引逼过尾闾，让它顺督脉上升，进行周天运转，这又是一个层次的玄关。通常所说“斡转魁罡运斗杓”，指的就是这一层次的玄关用法。（按：此借指北斗星的周天运转有制四时分五行的作用，比喻炼气化神的周天运转中真意的作用。也即《道德经·十六章》“吾以观其复”的主要内容。）

气行夹脊，进行卯门沐浴，是又一个层次的玄关；气上泥丸，又是一个层次的玄关；气复沿任脉下降，在中丹田黄庭宫进行酉户沐浴，又是一个层次的玄关。最后气复归下丹田封固温养，练功者再次进入大休歇、大清静、空空忘忘的虚极静笃境界，又是一个层次的玄关。（按：《道德经》“吾以观其复”，表现了真意动的一面，这“吾以观其复”行为到气达泥丸为止。气沿任脉下降后，真意处于静的一面，以便“夫物芸芸，各归其根”。等气复归下丹田，便为“归根复命”，真意随着“归根”而“曰静”。）

玄关的体和用就是这些，对于玄关的解释再精辟、再复杂，也不过如此。（按：此论玄关有九：一、神气交媾之初；二、神气交媾之中；三、静极阳生；四、真意明觉；五、倒行逆施；六、卯门沐浴；七、气达泥丸；八、酉户沐浴；九、复还空静。此九关，前四关由两层静达两层动，后四关由两层动达两层静，唯中间第五关静中动，动中静，阴阳颠倒，成仙成真，贵在此举。）

道无底蕴　玄关也无底蕴

炼后天精气神有后天精气神之玄关，炼先天精气神有先天精气神之玄关。同是一精、一气、一神，又有层层深入之玄关。

玄关玄关，真是玄之又玄，关中有关。吾辈步之玄关途中，真是千般感慨，万般咏叹！

玄关窍开有浅深层次

玄关一窍，虽都在寂然不动，感而遂通那一刻，但随着练功的浅深层次渐进，此种窍开的质量是不断升华的，例如，气血初通时的玄关窍开和气血大通时的玄关窍开，其质量就大不相同，感受也大不相同。

说“药”

何为药?《玉皇心印妙经》曰:“上药三品，神与气精。”可知“药”即神、气、精。白玉蟾曰:“其精不是交感精，乃是玉皇口中涎；其气即非呼吸气，乃知却是太素烟；其神即非思虑神，可与元始相比肩。”指此神、气、精乃是元神、元气、元精。此三药合则成丹，丹成则仙成，这便是内丹仙学的奥秘。

以上乃为概说。若要说得明透些，此药就有大小之分。药分大小，缘是根据练功进程及所获得的层次效果而区分的。就说这元神、元气、元精，它们既然是“元”，就是先天之物。既属先天之物，那当然是最纯洁的东西。

由此可想而知，一个练功修道之人，开始入门的一个相当阶段，要获得纯而又纯的先天元神、先天元气、先天元精，那是不可能的。这好比沙中淘金，只有经过一道道精细筛淘，把泥沙淘尽，真金才会显现。又如铁矿入炉冶炼，先炼成铁，铁再经锻炼才成为钢。所以，初步练功在“炼精化气”小周天阶段获得者，乃名小药，又名外药，还名玉液之丹。所谓小，就是药性不够纯，药力不足；所谓外，就是从常溢之于外的后天精气神中所获得，就是还有循行于生命体核心之外任督二脉的小周天运动；名为玉液，主要指积水精而得，且有益寿延年之用。

大药又称上药。《性命圭旨》曰：“大药虽分精气神，三般原是一根生。”此是说，到得大药产生的阶段，我们可以从精气神三者来论说它们的先天性、纯洁性、功用性，而实质上，此时的三者已不能明显分出彼此来。因为大药生时处于大周天状态，没有任督周天的“外部”循行，只有内动内生，故名内药。又因得大药服食过关后，生命可以无穷再生，古人称“可与天地齐寿”，如同黄金永垂不朽，故名金液大丹。

内药与外药

内丹修炼所说内药与外药，也犹如说有为与无为，都是相对辩证的认识。譬如说，大自然还没有造出人，有什么内药外药之分？人从虚无的自然中被造出来，本是先天元气的作用，从自然与人的关系来看，是由外药而产生内药，外药是天地先天元气，内药是天地先天元气构造了人之后居于人身之内的先天元气。因气生精，因精生神。内外两者原本一物，却因一在虚无的太空，一在有形的人身份二名。因气生人，人却不能生气，故而内药外药发生的细微现象都由先天气生发处显现。人虽不能生气，却有灵觉之神能召摄气，所以有为与无为的体用始终灵觉之神都能感知。

内药外药，以功夫层次可分三般看待。如炼己筑基阶段，使原来游动于外的神气收回来，此即为外药；神气收，心神安，身内的精气可以蓄养，以即为内药。到了金液还丹的初级阶段，泥丸之神为内药，丹田之气为外药。到后阶段，两者相合，浑然一体，此即为内药，太虚中先天元气即为外药。到此一步，内外药合，人天混一，纯阳无阴，即为大丹成就仙胎圆满。

至于说内药养性，外药立命，这是相对人之性与命两个侧面的说法，是活理不是死理。若偏执一端而论，其又大错。古人立个口诀，乃叫人识其大体，明其大义，却不是教人执著文字相。

“外药在造化窟中”的说法，亦应作广义解。丹田是产先天元气之地，可谓造化窟；阴阳双修，女鼎是产先天元气之地，可谓造化窟；太空是先天元气之源，可谓最大之造化窟。

内丹修炼中的内外丹之分

内丹修炼诀也有内外丹之说。如在张三丰的《玄要篇·下》中有“天降火龙师，玄音参一一。知我内丹成，不讲筑基业。赐我外丹功，可怜谆告切”句。

因为前辈修炼家许多都是站在自己修炼的认识观上，对“内丹”“外丹”有不同的诠释。那么张三丰这里说的“内丹”“外丹”是什么呢？

本来，“外丹”一说，即为古时的丹药烧炼之术，即利用五金八石进行烧炼，因配制方剂和烧炼方式不同，所得丹药致用不同。有的是当做药物来服用，或治病疗疾，或延年益寿，或轻举升仙的；有的则是炼成化学制剂，可以使一般金属或石头瓦片镀成金光闪闪和银光闪闪的假金假银当做钱使，即今之造假币一样。从练功角度讲，前者丹药是以服药代练功，当时并无“外丹”之说。直到唐朝开始，由于之前社会上方士烧制丹药服食术泛滥，假冒伪劣充斥市场，造成极坏影响，修炼之士多放弃丹药烧制，而转为清修。故后来人将清修内炼精气神称为“内丹”，而将丹炉炼制服食的丹药称为“外丹”。

但后来在清修派修炼家的理论中也有了“内丹”“外丹”之说。这些说法认为，练功的初级阶段，是把体内后天的精气神炼合在一处，此名内丹。内丹炼成，再吸纳天地阴阳精华之气来入我身，方成长生大药。这来自天地的精华之气就称为外丹。如《指归集》云：“内丹之说，不过心肾交会……”；《谷神论》云：“含津炼气，吐故纳新，上入泥丸，下注丹田，谓之内丹。阳龙阴虎，木液金精，二物交会，烹炼而成，谓之外丹”。《医说·卷九》在前述基础上又说“内丹可以延年，外丹可以升仙。内丹成而外丹不应，外丹应而内丹不充，皆未至于升举”。《翠虚篇》亦同上说。但也有按性命分内外丹者，认为性守于内，以性入功者为内丹；命来于外，以命功入手所得效验即为外丹。这些都是仙学家理法阐述上各自为政造成的混乱局面，需要今人仔细地去辨识，从不同甚至相悖的说法上找到共通的内涵。

而通过分析，则知张三丰这里所说的“内丹”“外丹”均是以内炼而言的。也就是说，当时张三丰已达到“含津炼气，吐故纳新，上入泥丸，下注丹田”的“小周天”功夫；而后步采金丹大药的“大周天”功夫窍诀尚未得到。火龙真人向他传授的就是后阶段直至阳神出游、形神俱妙的全部功夫。

先后天辨

金丹修炼始终围绕着“气”下功夫，离“气”而不可言道。金丹之道不过是吾人效法天地造化之道而已。天地造化之道乃一气流行。此一气，静为阴，动为阳，一动一静，一阴一阳。动极生静，静极生动，阳极生阴，阴极生阳。动生静乃动中含静，静生动乃静中含动；阳生阴乃阳中有阴，阴生阳乃阴中有阳。故天地生生不息，均赖此阴阳二气的循环，所以古人说“一阴一阳谓之道”。阴阳二气之分，分在动静。有动静皆为后天，无动静方为先天。故，无动静之分的先天一气，乃为后天有动静的阴阳二气之本，即根源。金丹之道下手即以后天返先天，寻到根源处，得此先天根源再化炼后天，渐返渐炼，以至后天渐消，先天渐长。待至后天全无，先天尽现，金丹即成。

然而言后天，却有多种之分。以息分，口鼻呼吸为后天；以神分，思虑之神为后天；以精分，营养之精、交感之精为后天。

以人身言先天，真阴真阳为身内之先天，先天一气为身外之先天。故此真阴真阳，在宇宙自然为先天之后天，在人身为后天之先天。知此先天后天，方明采取烹炼之用。

先天与后天，先天无形无象，后天有形有象。无形无象的先天，化生有形有象的后天。后天有感有知，可感可知；先天无感无知，不可感不可知。故后天与后天可感可知，先天与先天无感无知。无感无知的先天可赋予后天有知有感，有知有感之后天却无法感知先天的无感无知。例如初修功夫之人，头脑中会生出一些幻象，这都不过是后天识神演出的把戏。肉体上也会发生一些奇特的反应，如类似针灸的冷热凉麻酸困闷胀之“八触”之感，或气运周身的千奇百怪情况。这其中既有后天呼吸之气的作用，也有一定先天之气的作用。然而，有感受者皆是肉体本身和识神本身，而非气的本身。这犹如给一条扭曲空瘪的自行车内胎充气，气本身无声音、无形状，而内胎却因充气不断改变着扭曲空瘪的形状，还伴随着声响。这有形状变化的、发生声响的只是内胎本身，而不是气。

类似日常事物现象可以启发我们去认识先天与后天，但要认识修炼中真阴真阳的发生运化现象，却必须有一个最形象、最生动、最具有概括性的实例。古人发现最好的实例就是月象。

真阴真阳

内丹修炼下手得阴阳，必得真阴真阳，真阴真阳才是真质丹药。以日月比，真阴真阳就是不掺杂质的太阳和太阴的精华，古称日魂与月魄，内丹中即元神与元精。欲得此二物，又须人真性真情相合。性属木，木生火；情属金，金生水。真性生元神，真情生元精。真性如木之灵液，以其柔和状比织女；真情如金之刚气，以其强烈状比牛郎。此二物原本好似恩爱夫妻，皆因后天识神这个无情的王母，将两者天各一方。又因两者真心相爱，感动真意明神为之搭鹊桥，促成夫妻相会。夫妻相会，真性真情相交，入于妙不可言的杳冥混合状态，如痴如醉，如幻如梦。此乃真交媾、真相合。牛郎织女是一年一度，岁岁七巧（七月七日）相会，也喻周天循环，一转有一个阴阳的回归交合。

何谓先天的无形元精

先天的无形元精，也就是先天真阳之气。此精以信息而言，是先天元神的载体；以能量而言，则是先天元精；以物质性状勉强形容，则为先天元气。

但以丹道而言，初时所得元精，尚是初层后天神气交合的产物，即坎中生阳。这时的阳尚嫩尚微，需要作坎离交的功夫，使坎中之阳与离中之阴进一步交合锻炼。这一过程又称抽铅添汞，取坎填离。到后来，元精化为元气，元气化合于元神，阴尽阳存，元精、元气便都成为元神。这时的元神只阳不阴，故称阳神，属于乾卦。以后接着再行乾坤交的功夫，步步走下去，则可完成金丹大道之功夫。

功态下口中涌生的津液，吞服入田，是以凡精滋养凡精。这在于，只有后天凡精充足旺盛，才可能炼化出更多的元精，而不要以为口中津液就是元精。

俗说先天元气

每一个人生来都是由先天元气构造的。莫说是人，连万物的产生也都是由先天元气构造的。人的肉体是实有的物质，而这实有的物质却是从什么也没有之处生出来的。你若不信，你可想想，父母未婚时你身在何处？肯定处在什么也没有的地方，而这个什么也没有就是先天元气。天道未生我们人身时，先天元气存在于宇宙大自然中；已生我们人身后，属于我们生命的，主宰我们生命的，存养我们生命的先天元气就存在于我们的生命肉体之中。这肉体，前辈修道人称为形山。形山因为有“形”存在，故能使人看得见摸得着。先天元气，无形无象，无征无兆，隐在肉体形山，故人们常常觉察不到。

人们一般对先天元气缺乏认识，不知生命与先天元气的关系。但另一方面，人们对先天元气又最为熟悉。例如，一个人或生病、或健康、或悲哀、或欢欣，常能被人一眼见知。这里头除了行为特征外，那就是内在先天元气的显示了。显示于形山之表，名曰气色。互相熟悉的人，一旦发现对方气色的变异，即可断定此人悲喜健衰之情。此即为对先天元气的“民日用而不知”也。

元气的特征

元气本来是在无极态中就有的。但由于无极的特征，那时元气也无所谓是什么元气。当无极的聚变感知了它，元气才成为元气。太极元气具有如下特征：

（一）元气是静极生动之物，自从生动以后，从此有了动静的循环。

（二）按其静极生动之象，表现为真阳；按其动中有静，动而复静之静，表现为真阴；按其动静循环始终遵循自然法则与规律，表现为真阴真阳。总而言之，动为真阳，静为真阴。

（三）元气虽然为真有，可感而知，但它们仍然是无声无臭、无形无象的。故对无极，属于真有，而对有光有色、有声有臭、有形有象的有极物质，仍属于无。所以，元气以其太极特征，可称为：先天之后天，后天之先天；先天之真有，后天之假无。

（四）元气以其虚涵、中和、周布、细微、密绵的特征与运化功能，特称元气；元气以其作为孕育、造就、维持生命的精华，特又称元精；元气以其知时而动静，顺乎自然，并主宰生命，又是思维运作的载体与根本，特又称元神。而元气、元精、元神三个方面，功能发挥是全息的，但修道者在功态下感知时，可以全息感知，也可以感知到其中一个特征面。

（五）元气、元精、元神，三者虽为一物，按其生演过程有着先后顺序：即，聚空生气，聚气生精，聚精生神。即“道生一，一生二，二生三”。有此“三”齐，才为生天、生地、生人、生物之母。

功中怎样确认真阳元气

在通常的功态情况下，练功者会感觉，即是神未真静，还有意念夹杂，但只要主体精神用在体内，丹田也会有气功之象，甚至有周天流动之象。不过这绝非真阳元气，其中有凡气，有浮躁之气，有脉动之气，有幻感之气，不一而足。这些现象虽非炼丹之真药，但也不要因此而唾弃它们，而应让它们自生自灭即可。因为这也是一个必然过程，可称为淘沙取金过程，练功者不经过这一阶段，试图一开始就达到大静大定而获取真阳元气，那也是幻想，绝不可能，不过最担忧的就是有人认假作真，自我欺骗。

获得元气的条件

有人问：一开始学功就练入静，是否可以得到元气？又问：功中有一时确能入静，是否可以得到元气？我们说，对这两者的回答都是否定的。第一，初学练功的人，他的肉体筋络不能通畅，口鼻呼吸尚难调顺，后天凡阴凡阳的消除、真阴真阳的生发锻炼过程都尚远未完成，即是入静，只能去做凝神调息的功夫，欲得元气是不可能的。第二，元气的出现是在胎呼吸的持久延续上发生的。初学者在功中能进入胎呼吸，只能维持短暂的胎呼吸。虽然这一刻符合得到元气的资格，但因为缺乏时间上的持续，仍旧不能获得元气。由此可知，现今一些练功初有成效的人常将身中那些气感和手掌发现的外气，称之为元气，这是门外汉的说法，若以气论，只算得营卫之气而已，离元气远矣。

初得真元之气

虽然说真元之气对于炼丹很重要，但初步获得真元之气，还是一种浑沦无极的朦胧整体，未曾开剖而为阴阳相抱的太极，生机未能明确显示，所以就不足采取长生之药，更不能证得长生之果。这就如鸡蛋未孵前和被孵中的情况一样：未孵前的鸡蛋，既可以形成生命，也不可以形成生命，因为它是无极态。无极态是生命的根基，但不表示生命。被孵中的鸡蛋正孕育着生命，生命的气机正在发动，它是太极态，阴阳相抱。太极态是生命的显示，表示生命。

功态中的“其中有信”解

老子《道德经·第二十一章》云：“孔德之容，惟道是从。道之为物，惟恍惟惚。惚兮恍兮，其中有象；恍兮惚兮，其中有物。杳兮冥兮，其中有精；其精甚真，其中有信。自古及今，其名不去，以阅众甫。吾何以知众甫之然哉？以此。”

其中“其中有信”之“信”，清代丹家黄元吉作为方法论来解释。尽管黄元吉丹法用之不错，但我认为他对“其中有信”之“信”，意思上的理解是不确切的、牵强的。

这个“其中有信”之“信”应是指确凿的信息，最真实的信息。因为老子的全话，首先指真阳之气是一种客观存在。所谓“物”，并不是指可视可见的物质，是指客观存在，而客观存在的本质特征就是“精”。人怎么能认识和感受到这种“精”呢？那就靠“精”的确凿真实的信息之“信”。至于说人能接受到这种真阳之气的“信”，就必须以诚信之心、虚无之心去构成接受的条件，那才属于方法论，但这不是信息本身。

尽管练功人树立营造的诚信虚无之心，也正体现、吻合和反映着虚无元气的本质特征，可以称作以信感信，但作为练功人角色的此，和宇宙虚无元气的彼，此对于彼也还是个采摄的方法问题，而不能将此方法混同于彼的信息。所以说，黄元吉将阳生活子时视为“信”指为旁门的理解，实际错的是他。如果排除方法论的正确或错误，这种评论则不对，因为真阳产生必然给人以信息传感。

黄元吉在《乐育堂语录》里说：“丹田中觉有一团氤氲冲和活泼之机在内，即本来人现形也。”这不是“信”又是什么？

我以为，老子还有一句话：“信不足，有不信焉。”表面看，这话似乎是说，人信的事少，所以他就对许多事不相信。这实际上也是对的。但他深层的含义却是一种普遍哲理，即：获得的真实信息量、信息质不足，就不可能正确反映相关的信息质、量。例如以镜反映光，单面镜、多棱镜、透明玻璃（全色或偏色）、球体镜、凹镜、凸镜、变形镜，还有镜的大小厚薄，它们所反映的光都不是相同的。宇宙所有的光都在宇宙任何地方存在，都有其信息传播。然而受光体不同，它所接受和反映的光信息也就不同，而制造受光体就是方法问题，而不能等同于光信息。

由此也可得知，宇宙自然信息（也可称奥秘）和人类后天知识信息，都是无限丰富的。前者是本身的无限，后者是认识的无限。一个人，他能接受到多少信息，他才能正确反映出多少信息。一个不练功的人，他不能体悟到元气的奇妙信息，故而他也就缺乏资格表述这种信息；一个练功不够的人，他不能体悟到本质的元气，不能洞见先天本来人，所以他也没办法揣度深层功夫的效验。他们可能因为抱定已有成见，或不相信丹功，或认为丹功效验就是他那点浅薄的成果，这都是“信不足，有不信”的表现。所以，要改变“信不足，有不信”，而为“信足，有信”，就得将自己制造成全息感应的“受光体”，不偏见，不自封，后者又属方法论了。

活子时

当神气交合入于大定混沌之态，先天真阳由“屯蒙”而显象，丹田先有温热之感，好似新酒发酵，由内及外蔓延；又好似冬室之火炉，先有一点火星燃发，渐至满炉炭燃。此中玄妙之象也千千万万，不可尽言。先丹田，后扩及周身，遍体骨稣肉麻，美快无比。丹田似盛火之鼎，肌肤体表似掩鼎之帘帏，鼎中火发，耀而生光，透帘帏而现，此正是阳生活子时。故认活子时，也必在“温温铅鼎透帘帏”之时。但此“帘帏”乃就广义的体表而言，其中包括着许多局部生理反应，如眉内火灼闪闪，会阴穴麻胀跳动，生殖器勃举，局部皮肉犹如电火花闪击等等。这些反应有时是单一的，有时是前后相继出现的，有时又是同时的连锁反应。但它们有别于臆想幻造，有别于通常的生理变化，是从不知不觉的静定中油然而发，异常的舒愉美快。有类似现象，才可判定为真正的活子时。

男女元精药苗生发的不同征象

元精生发，内丹术比喻为药，其发生情况男与女是有区别的。

男子元精生发，其生发部位实际是以外阴即生殖器为中心，有时扩展到周围一片，有时单在外阴上，有时从外阴循经至会阴一线；其感受也不尽而一，有时外阴勃举，有时不举，但有温热感，有清润感，有酥麻感，有震颤感，线形流向有时有类似虫子蠕爬感，片状感受有时有滴油入水感，不一而足。

女子元精生发，既有发生在生殖器内外的现象，反应为有类似性欲的冲动和快感，酥麻美快，也会延及生殖器周围，同时会延及乳房，使之有胀麻震颤之美快之感。但女子元精生发，生殖器是第一反应区，乳房是次反应区。只有第一反应区——生殖器反应强烈或持久反应，才可能延及次反应区——乳房。一般来说，年轻女性两个区域有可能会同时连锁反应，而年岁大的女性两个区域的连锁反应则会有先后之序。

药的老嫩问题

药的老嫩问题，是以每次练功中的气生现象而言的。所谓微弱与壮旺，即嫩老，也是根据每次功中体验而言的。例如每次练功，真阳之气刚萌发时，就为微弱，为嫩。而经过一次或数次周天搬运，再萌发时，它虽然仍称为嫩，但后来的嫩却比先前的嫩壮旺得多。再例如前一月和后一月，前一年和后一年，虽然都有嫩的阶段，其证验状况却是不一样的。

铅汞与精神

内丹法诀常常提到“铅汞”二字，这是借用外丹烧炼的药物名称对内丹修炼中的精气与神气所作的比喻。“铅”指精气，“汞”指神气。从阴阳属性上讲，精气好比是月球，属纯阴之体，借太阳照射才能发光。阴历每月的初七初八，月亮上半暗，下半明，称上弦；每月二十二、二十三，下半暗，上半明，称下弦。上下弦都是阴阳各半，这可以用来借喻精气与神气交合的均等。精气可以从身外补充得来，而神气就在自己身心之内。天地间有了太阳和月亮的阴阳交合运转，才有光明，才有大自然和谐的季节、气候规律推演，循环不已，才不会发生反常的情况。我们人身自父母生来，也具有天地的这种自然的阴阳交合运化条件，也有一汞一铅，和类似夫妻交媾生育的功能。神居上位，为乾为父；精居下位，为坤为母。我们可以利用自身的男女、父母交媾，而再生我们生命的全部。这是《周易》已经揭示了的道理，我们可以用“易”的道理把后天有极返归为先天太极。常人不明这些道理，只是把神去迎合精的动荡而随精排泄出去，可以生儿育女，形成生命体外的传衍；而不懂把精反过来补养神，修炼成自体生命再生永生的仙佛。这种生命奥秘的道理，对许许多多人来说，简直就是一个铁馒头，虽想吃，却啃不动。如果能啃得动这个铁馒头，必定能大有造就。

人身之凡精

人身之凡精所指颇多，眼中泪、鼻中涕、口中津、脉中血、骨中髓、毛孔汗、男子精、女子卵等，概属凡精。

凡精有时单指口中甘露，是特指练功入静的初始阶段，凡精单一的表现，是从功夫证验上说凡精。

口中甘露，是口腔涌生的一种极净洁的津液，形同口水，但其温凉甜润之味，其中含有极微小的圆晶体，即是元精。但所谓元精，仍是真正元精的寄托物，真正元精是无形无象的。

幻　丹

所谓幻丹，是意念的虚构而成的丹，这种丹不是自然而生的真实存在，所以称为幻丹。幻丹所结的果子是阴神阴灵，虚无缥缈的，不能全形，不能超脱。

（一）幻丹与真丹

幻丹是模拟虚构的现象，是识神假造的。例如修功时，意想丹田有个发光圆球和莲花什么的，久而久之，你一想它便出现，这就是幻丹。或是功中不自觉现出一种景象，你留守住它，它可以继续存在，或消失后再现，这也属于幻丹。真丹是自然出现的，是不加识神参与的精气神聚合物，是实实在在的东西。

（二）何谓走丹

丹，即精气神合炼而成的先天元气。精气神为药，药经修炼而成丹。走丹，即先天元气走失。

何谓筑基功夫

筑基功夫，指心性修炼纯净，精气神圆满，百病消除，不饥不渴，不畏寒暑的功夫效果。

百日完成筑基，是特指筑基功前各方面条件具备良好，一百天又昼夜修炼所能获得的效果。世人各自社会背景、年龄、性别、体质、悟性、方法诸多方面存在较大差异，所以不可能都在百日完成筑基。例如年少的童真，未破体，悟性又好，十天半月便能完成筑基。而其他人，可能会一百天，也可能一年、二年、三年、五年，身有重疾者可能十几年、几十年……心性修炼不纯，则永远完不成筑基。筑基又名炼精化气的初步功夫。

“百日筑基”

在我的学说里曾反复讲，“百日筑基”是概指一个阶段功夫进程。一是“筑基”前还有“修复平整基址”的前期工作，如身体有病，要通过吐纳导引等一些动功静功方法，配合药物综合治疗；待身体健康状况正常，即可步入“筑基”的阶段。二是“筑基”之“百日”是个概数。“百日”是以身心条件最佳并持续不间断炼功的某一特殊前代祖师为例而认定的。而众多的修炼历史事实表明，人与人之身心条件千差万别，故在实践“筑基”过程的时效上也各有不同。有的百日，有的一年，有的三年五载，有的十年八载，有的三五十年，更有大多数人缺乏悟性、缺乏师传、缺乏恒心，一辈子也过不了“百日筑基”这一关。

“百日筑基”之“筑基”，筑的是生命之基。“筑基”完成了，就完成了二次生命再造。有了生命再生之源，可以生生不息，故名为人仙。如果人人练功都可以轻轻松松完成“筑基”，那满街岂不走的都是神仙！由此可知，各种广告，凡言几天几月能用什么手段打通大小周天者；各路高师，凡到处宣扬自己大小周天通了，甚或已经能够阳神出窍，此十之八九都是骗人，断不可信。

“百日筑基”的应验，按照过程，我将它大致归纳为几个阶段：第一阶段，以后天识神合后天凡气，凝聚后天之精；第二阶段，后天识神过渡为中天明神（真意），后天凡精（以肾精为主的周身之精）锻化为先天之气；第三阶段，身中神气相合，召摄先天元气再入我身，培养壮大；第四阶段，导引先天元气作周天（任督二脉的小周天）运行，先天气与先天神不断在周天中交融；第五阶段，气不断纯化为神，以任督为干线的脉络不断向奇经八脉渗透通融；第六阶段，小周天完成，进入大周天的初阶，气化为神，神不断锻阴留阳。

筑基之效

何谓筑基之效？基者，性命之本也。筑基者，修筑人的性命之本也。性命之本立，人身心康泰。以肉体而言，周身经络通，气脉活，每一个细胞都旺盛活泼，此是气运之效。随着经络通，气脉活，一切明显的疾病、潜在的疾病都一一消除。疾病完全消除，人的生理会向青年少年时期的状态转化，头脑灵敏，耳聪目明，齿落复生，白发转黑，肌肤红润，举止轻盈，身轻如燕。继而就达到不畏寒暑，病魔不侵的金刚不坏之体。《增演易筋洗髓内功图说》中“功有十验”概括为：“寒暑不入，疾病不生，颜色不老，强健不衰，冻饿不迫，生育不夭，战斗不惴，虎狼不惧，刀斧不伤，水火不损。”

筑基功夫有广义狭义之分

筑基功夫因阶段又分广义和狭义的。广义的包括下手之初，积功累德，也包括易筋动功，以及药疗、食补等。狭义的指后阶段的专门静功，养炼神气，称“百日筑基”。

所谓筑基，好比建造万丈高楼，必须要从平地开始，基础要坚固，而后楼层建造的再高、重量再大，也不会因基础薄弱而倾倒。

房屋筑基，一石一土要积累、要夯实，基址越深，基石越固，才能顶得起更高的地面建筑。功夫筑基，一功一德也要积累，也要认真，也要深厚，也要牢固，才能经得起以后过一个个大关的考验。所以说，筑基功的深浅松固，与后来功夫获得的高低大小是成正比的。

“小三候”与“筑基”理法

在修道的宏观工程中，内丹功夫是最具体的。内丹功夫有“小三候”之功验：蓄积元精、充实元气为初候；疏通周身关窍脉穴，使气血周流循环无碍为中候；百病消除，身心康健，与道相合，从此不为尘事拖累，自由自在，为三候。

内丹功夫的小三候，是以“筑基”功的完成而言的。修道的功夫，按其具体的过程，可分为百日筑基、十月怀胎，三年哺乳，九年面壁，而后可得大成。而筑基功夫，既是基础的功夫，又是最难的功夫。一般来讲，筑基功既要修心，又要修身，是无为与有为交互为用的。筑基功完成了，往后的功夫递进，主以无为，辅以有为。而这时的无为、有为已处于自然而然的状态，有为即无为，无为即有为。所以，如果说从修道到成道是一百里路，筑基虽比喻是“百日”，它却走了九十五里。世上学道人，大多以为十月怀胎、三年哺乳、九年面壁之神奇，多在这上头寄于奢求，殊不知筑基为根本。大道修行，是以不奇成奇，不神成神，其奇其神无非是常人不可知识，不可体验。既可知可验，无非皆是大自然之功能，又有何神何奇可言，筑基功中的小三候主要指炼精化气这个阶段与过程。“积精筑气”，精即元精，非后天有形之精；气即元气，非后天有形之气。然而修道是以后天而返先天，故必须收敛后天有形之精，以培固先天元精；必须收敛后天有形之气，以蕴蓄先天元气。故而下手以“积精筑气”为初候，又以先闭外三宝、养其内三宝为方法。外三宝即耳目口，内三宝即精气神。耳目口所谓外三宝，指它们先天就赋予了保养精气神的功能作用：耳能养精，目能养神，口能养气。这在传统生理学上也具有特殊意义：耳通肾，肾藏精；目通心，心藏神；口通脾，脾藏气。故以外可以养内。但此三宝，由于“民日用而不知”的缘故，却不断将它们异化了：耳无度听闻，目无度识见，口无度说吃。三宝反而变为耗伤精气神的三害。故修道之人矫枉过正，先闭外三宝，即保养内三宝，此有立竿见影之效。然而，先闭外三宝，重在清心寡欲的自闭，而非形式主义的现象上关闭。此也有功内功、功外功二法。功内功：心无所想下目闭、耳闭、口闭，此后三闭者重在前之闭心。功外功：看破色相，淡泊名利，清心寡欲。非礼勿视，视而不见；非礼勿听，听而不闻；非礼勿言，言之于真。有此二法，初候自然呈现。

积精可壮气，气壮自可开关展窍。这时掌握好采炼运养的有为之法，久久行之，自可由中候而完成筑基炼己之三候。

积内法财

所谓“积内法财”者，内，即自家身心；法，即方法，积功累德，淡泊名利，不动声色，就是方法。财，即生命之财富，蓄精，保气，养神，此三者即为内财。

精不足，味来补

昔日黄帝有云，“精不足者，补之以味”。这个说法其本意不仅是指增补饮食、丰富滋味，主要是指，先天精不足，要用先天精来补；后天精不足，要用后天精来补。“味”，同类之味，对味之义。补先天精靠的是丹道采药，补后天精则靠的饮食调养和房事节制。其中饮食调养指的是，五脏六腑中哪个脏腑精不足，即有虚亏，便可以特种饮食去补养那个脏器，使其精得到补充，恢复正常，此称为饮食疗法。道家并非不讲节制饮食、淡薄滋味，但在筑基功阶段，首要的是要用内修外养，把身心基础修造完好。等以后体内真气逐渐充足壮旺，这才是真正要节制饮食，淡薄滋味。总之，所谓精不足，以味补，是指同类相补，即本质与内涵上的相补。我们通常说品味、评味，其评品的就是某种本质内涵。

安炉立鼎

修士下手兴工之前，“安炉立鼎”即是先决条件。

什么是内丹修炼的“炉鼎”？它在这里有诸多含义：

若以身心言，肉体即炉，意念即鼎。肉体疾病未除，意念游移不定，炉即不得安，鼎即不得立。若以精神分属穴窍言，下丹田为炉，上丹田为鼎；

若以内药外药言，身心为内药为鼎，天地为外药为炉。不明穴窍，不知用法，炉即不得安，鼎即不得立。此为“安炉立鼎”之重要。

精窍关闭的证验判断

真精生时，生殖器有勃举之状，或酥麻凉熟诸种区别于性欲的快感。这种快感的生发，经过长期采炼自然消失而不再重现，也就证明是精窍自动关闭。

在精窍初步关闭状态下，如果引发人的后天性欲，精窍还是能再次打开的，即还能排泄精液。

如果在精窍初步关闭状态下，久而久之的持续修炼，男性生殖器及阴囊都会收缩到少幼儿那般状态。即便性交也再无精液排出，则证明是精窍的永久关闭。

小周天火候大要

功态达到心静气动、阴阳混合恰到好处，也就是得入玄关的时候，接下来关键就在于火候的把握调停了。而这火候之要，就在于要在神与气之中调停呼吸。

呼吸在内丹术中比喻为风，风在八卦中属巽，故称呼吸为巽风。呼吸又像冶炼炉使用的一抽一推鼓风的风箱，故名橐龠。神火借巽风鼓运元气周天运化，好如鼎中炼金，元气越旺，神火越足，神火越足，元气越纯。如此久久炼去，神入气，气还神，神气不分，皆成纯阳一片，故曰“巽风鼓吹，满鼎霞红”。

然提到火候的把握，说难也难，说易也易。为什么？它不过跟自然界的阴阳运化的周期律一致，你只要能在功中仿效运用好这个周期律就行了。比如说，一天（昼夜）分十二个时辰（子丑寅卯辰巳午未申酉戌亥），每个时辰相当现在两小时。每天从子时开始，大约为午夜 11 时至凌晨 1 时。此是头一天阳气消失阴气全盛之时的终点过去，新一天的阳气又在全阴的状态下萌发了。在这里，全阴象征静定的心神，真阳之气在全阴的心神环境下开始萌发。微弱的真阳之气在萌发中不断蓄积，培养壮大，一旦壮旺到一定程度，若在一天中，天气就由黑暗油然转亮。若在一年四季中，就如春天，阳气破土开始向外蒸发，于是花木发芽。处在功态之中，气有冲关（冲动会阴或尾闾）之象，此名“正子时”到，预示可以运用“巽风”“进火”了。

“进火”就是利用呼吸鼓运元气沿督脉后升，又名“进阳火”。这好比上午，太阳不断升高，温度和光亮不断增强。元气升到脑中泥丸宫，就好比太阳到了正午，高到极点，热到极点，阴气又从中产生了。于是太阳向西慢慢下降，以至进入夜幕降临、午夜。在功中，元气升入泥丸，经过一番烹炼，好像夏日的伏天，持续一段热的时期，又顺其自然导之沿任脉下降，以至降下丹田，此名“退火”、“退阴符”。升降之中，升主要利用吸法，降主要利用呼法。升之始，如同早晨黎明前的一段黑暗，名曰“朝屯”，不要升之急、吸之紧；降之后，如同太阳刚刚落山，余热未尽，光虽暗但温尚持，名曰“暮蒙”，不要降之急、呼之促。

火候的用法，关键要领掌握在子前午后用功，在升程中的“卯”阶段和降程中的“酉”阶段，只是温养沐浴，无须用功的。功中的“卯”处在气升督脉的中途，夹脊（区域）之位；“酉”处在气降任脉的中途，膻中（区域）之位。

如果说我们人的生命是由父母给予的，是母亲十月怀胎生下来的，那么仙学内丹养生法则是利用自身、利用后天主观积极的努力去再造第二次生命，再造第二次“十月怀胎”。仙学养生的再造生命，虽然类似于“十月怀胎”，必须气满神全，但第一次“十月怀胎”气满神全成就的是“人”，而第二次”十月怀胎”气满神全成就的是“仙”。这两者内涵有本质之不同，前者是以先天气养成后天身，为成命；后者是以后天精炼成先天气，为了命。前者是天道顺生，“顺则凡”；后者是仙道逆生，“逆则仙”。“仙”“凡”之间，妙在颠倒。张三丰这里所言“神机妙用，道法无穷”，正是他“顺则凡，逆则仙，妙在中间颠倒颠”的另一种表述。

小周天法要

周天功法里，有一点要点明，即真阳之气壮旺后，导引使之升于泥丸，常常有多种不同情况，有时它可能自会阴生发后，就像一队人马，源源不断、浩浩荡荡一次性地升上泥丸。也就是说，从它的先头部队到后卫部队，虽有始终先后之分，却是一次性的。而有时它却不是这样，就像分兵团逐步到达泥丸，这一支队伍陆续到达泥丸后，看似后面人马断绝了，然而马上或从会阴、尾闾、命门，又冲出一彪人马，继续沿督脉上行。甚而还会有第三第四第五次这种现象发生，所以我们决不能忽略了这种情况的发生，而错过采引的时机。必要等待该升的真阳之气一概升完，我们才能于泥丸进行温养。再一方面，真阳壮旺后的上升时，元息也是往上鼓运的。我们的导引只是配合着元息的鼓运，而不是另外施加意念。若另外施加意念，那就是掺杂了凡火。还有一种情况就是，初阶段的小周天，真阳之气相对处于微弱态势，运行路线仅呈线状、带状或片状循督脉上行。而到了深厚的小周天层次，真阳之气除继续仍可能有上述循行情况外，往往以上述特征为主流，而呈整体蒸腾上行的局势。这倒很像蒸馒头，开始蒸汽弱，气体会沿着笼壁的孔隙上行，到蒸汽旺盛，满笼的蒸汽都会蒸腾上行，不过蒸汽的势头有着主次之分罢了。

“吸、舐、撮、闭”之法

“吸、舐、撮、闭”之法：吸，周身有吸提向上之意，并以会阴穴为始点；舐，即舐上腭；撮，即收撮肛门；闭，即敲神内守，形成向内的凝聚力。

“浊气下降，清气上升”解

“浊气下降，清气上升”之说法，只是与大自然比附的象征说法。但这个说法用在丹功里，也会导致一些误解和糊涂题。即清气上升到泥丸宫应该算是终点，还要怎么上升呢？浊气是渣滓无用的东西，又该让它下降到什么地方？是不是脑中阴精下降就是浊气，可为什么又称甘露神水？所以这说法是有毛病的。应当说是浊气退潜，清气周流，这才与自然界现象吻合。浊气退潜，就是它被吸附到血肉之中去了。在气中它为浊，为渣滓，但分解出来还于血肉，即变废为宝。这就像空气中的尘埃，在天空飞扬是空气污染，但经过雨水冲刷使它落沉大地，它又是土壤肥料。清气周流，它是可上可下的，就像太阳的光热，从天空射入大地的深层，又随着挥发再升入空中，周流循环，这样理解清浊之气才是对的。

灵液下降的情况

至于说到灵液下降，这里还有两种形态，即周天的循环，有一个循人体的外围圈，即任督二脉子午线圈，同时还有一个循五脏运行的内围圈。内外二圈的周天循环都是在同时运行和完成的。外围圈的灵液下降，从无形的神到有形的口中津液都是；内围圈的灵液下降，是心液下降，是心脏灵液分泌，不可见而可知感。而两者的灵液下降，最终是合二而一，使身心美快无比，清朗静明。

周天搬运

阳生之后，必等壮旺方可采取搬运。这壮旺的征候就是周身稣麻美快一阵之后，归于圆通，然后会阴穴闪现异常之感受。会阴穴是阴阳脉交汇之处，故称下鹊桥。周天搬运即从此处开始。周天搬运中须以真意明神导引，故真意与真气同行被比喻为夫妇。真意明神虽言导引，只是遵气而行，即气为主意为客。明神阴静，好比妇；真气阳动，好比夫。神气相合，顺其自然而行，此被我祖师形容为“上桥夫妇乐逍遥”。

周天搬运是以逆行之法由会阴过尾闾顺督脉而升。这一进火路途一直升入到脑中泥丸宫，故我祖师形容为“逆回海水流天谷”，又为“倒转风帆”。但周天过程也好比一年的周期，有春夏秋冬阴阳消长的季节变化。地球上的节令变化，与北斗星斗勺指向是有关系的。这也即说，斗勺在始终把握着阴阳变化调节的主权。没有它的调节，季节就会失衡。内丹周天中，这斗勺所在指的就是真意明神。它在配合元气运行中，当行则行，当歇则歇，不能有一毫误差与闪失。

小周河车话阴阳

阴阳二义，在宇宙自然现象界中，均是相对概念，并非绝对分别。例如甲物与乙物，从层次性上分，甲物或为阳物，乙物或为阴物。但就甲物、乙物的个体上，却是阴阳共存的。如人，头为阳腹为阴，背为阳胸为阴，神为阳精为阴。那么，具体到气上，并非气有阴气阳气截然之分，而是以气之动静升降分阴阳也。然而，气又非自主气，气受神使，神主之动，气则为阳气，神主之静，气则为阴气。丹法中讲阴阳二气，有时是以层次性上讲，如以先后天之分，先天气为阳，后天气为阴；如以神与精分，神气为阳，精气为阴。有时又是以宏观而论，如气动为阳，气静为阴。

例如，小周天河车功法，“地逢雷”，即后天肾精生出真阳之气，此称为阴中生阳。但这个阴中生阳，从表面上看，似乎阴指的是肾精，这从阳生的始发处讨论，无疑是对的。但肾精如果没有神火的锻炼，它自身是无法生出真阳的，所以这个阴还要归于神火。但神火即是火，只能为阳，为什么又是阴呢？其道理又在神之运用文武之法上。如武火为动为阳，文火为静为阴，肾精产生真阳，正是文火为用，即处于大静大定的状态。这时神归于静，不是其能量信息的消失，恰恰是其能量信息的内聚。这就像自然界，夏天的烈日像武火，到了秋冬，太阳虽不强烈，但它的热能却被大地所蕴藏，这就是天然神火、文火。蕴藏到一定时候，真阳之气就从大地中向外生发。所以说到底，肾精所生真阳之气仍是神气。

例如，小周天河车功法，“乾遇巽”，即指真阳之气十分旺盛时，自然由动而静、由升而降、由长而消之现象。这就像自然界的水蒸气，上升到一定高度，积聚量大，遇到高空冷气压，由云变雨又降落到大地。它上升时为阳，降落时为阴，并非是有截然可分的阴阳。它这个阳中生阴，是由神的活动转变为神的静定所致。但因为人有生理的物质体存在，所以，气的上升与下降，会带来生理物质由后天返先天过程中的一系列改变，这些改变可以物质性、光与热的物理现象，以及各种内外感传信息，而被人的自身所感受到。但人是生灵之物，有自主意识，不能像大自然万物能完全顺应天道的运化。而丹道则就是要强调运用人的自主意识去自觉接受天道运化，这便形成了丹道特殊的方法。

例如“卯酉沐浴”，它是考虑到练功者在功态下，阴中生阳和阳中生阴过程，常常会由先天元神主事落于后天识神参与所制定的提醒纠偏方法。如真阳生发后，它本来可以自嫩而熟的成长，但练功者往往在真阳生发后，因为欣喜之心生起，不免有拔苗助长之意，这就会使真阳之气急剧升腾。导致的结果，就像兵员不足、训练无素，元帅就令他们上阵打仗，结果必然兵败将折。所以这时就要行“卯沐浴”。实际意义就是去掉自主意识，顺应客观天道。“酉沐浴”也是同样之理。阳极生阴本是自然现象，但如果阴气下降时，我们遂生出个下降之意念，这就好像大自然的环境遭到破坏，该下绵绵细雨，却变成了冰雹和暴雨，有益的阴气反而变成为害的阴气了。所以，阴气下降时，如果我们的意识有了下降的参与，我们就要收回这个参与。总而言之，“卯酉沐浴”的方法，是我们在效法自然中还不能顺应自然时所采取的回归自然的方式方法。如果我们在练功中已能达到完全顺应自然，那“卯酉沐浴”就无必要了。那就意味着，我们的功夫修炼又发生了一个质的超越。

七日采大药服食过关

张三丰在讲到七日采大药服食过关的阶段时，告诫学人要认清前验证果，果而无虚方可下手过关。前验证果是指“凝神聚精，炼精化气，炼气合神”这一小周天循环过程已经完成，随着小周天的循环，奇经八脉亦已打通，心性也能进入大定大静，筑基功夫即将完成，而且有“阳光三现”的征兆。只有在前验证果的牢固基础上接续此步“七日采大药服食过关”，就能彻底完成筑基功夫——“一颗金丹永固丹田”，就可以成为金刚不坏之躯，生命就能无限延长，即称为人仙。

历代丹经，惟民国初年千峰老人赵避尘《先天派诀》对七日采大药服食过关功夫披露的最为明白。如言“采大药者，名曰七日，实在得之六日。非得景观，不能采也”。何为“景观”？乃是肉身上发生的六种征兆反应，前人名曰“六景现前”。这六种征兆前人在叙述上大同小异，可概括为：丹田（延及膀胱）盛热，两肾如汤煎，眼冒金花，双耳风吼，脑后鹫鸣，腹动如雷，还伴随有身涌鼻搐之类。这六种征兆的出现就预示着采大药服食过关的时机已经到来。

六种征兆是在大定大静的功态下相继发生的，不是一次性发生的，有的甚至在大定大静之前就已发生，只是没有出现六种，只是一种二种而已。六种征兆的发生，也没有哪种先哪种后的一定规律，会因人因时而异。但它们在“七日过关服食”中则一定要全部出现才为时机成熟。这就是仙学的严肃性：步步功夫须实证，个个口诀无诳言。

张三丰曰：“神不外驰，气不外泄，神归气穴，坎离已交，愈加猛烈精进”，是指前阶段效果和本阶段应具备的再奋斗精神。而此步功夫下手要领就是“致虚之极，守静之笃，身静于杳冥之中，心澄于无何有之乡”。实属无要领之要领，是以无为合无为。如此维持，“则真息自住，百脉自停，日月停景，璇玑不行”，一切都归于寂静、空明、虚灵之状。“日月停景，璇玑不行”是指内中之气已没有动静升降的运动了，就像宇宙又处在最初的混沌状态。

大定大静就是无极。但无极终不可无极，大道贵生，故无极之极，即生太极。“太极静而生动，阳产于西南之坤。坤即腹也，也名曲江（按：前人有指小肠，其实就是下丹田）。忽视一点灵光如黍米之大，即药生消息也”。这一点如黍米之大的灵光，在佛门即称为舍利子。有此药生消息，渐发渐大，“赫然光透”，六种征兆就会相继出现。

从“阳光三现”止火入于大定大静，到“六景现前”，大约需要六天时间。但时间的长短是次要的，而“六景”能否出现才是重要的。

千峰老人赵避尘先生指出，七日采大药服食过关的口诀是：先入静室，每日二目下视丹田。待六景现前，镇定神意，让它震动一番，以使舍利子流利活泼。舍利子在精囊内流动转悠，下触阳关，阳关已闭，自能转动上冲心位。心位冲脉不开，气往下降，自然又转而向下，去冲动督脉尾闾关。这时需有道侣护侍，启用“五龙捧圣”、“吸提撮闭”和“三车”之大法，引上玉枕，直入泥丸。以后又用“卯酉周天”之法进阳退阴，收舍利子永镇丹田，人仙之功成矣。舍利子也即金丹也。

张三丰所谓“逼金上行，穿过尾闾，轻轻运，默默举，一团和气如雷之震，上升泥丸，周身踊跃，即‘天风姤’卦也”。此即“五龙捧圣”之诀；“由月窟至印堂，眉中露出元光，即太极动而生阴，化成神水甘露，内有黍米之珠落在黄庭之中，点我离中灵汞，结成圣相之体。行周天火候一度，烹之炼之，丹自结矣”。这个“周天火候”就是“卯酉周天”。

依笔者之研究，在整个仙学修炼的大法程中（即从人仙升地仙、天仙），“七日服食过关”是最为艰难因而是最考验人的一关。此中有三难：一难是大定大静，要使自己成为活死人。二难是判断时机，要在先天无为中去把握，早了药嫩，晚了药老，都不是采药时机。三难是“过关”功夫，稍有闪失，大药漏泄，前功尽弃也。何况在“过关”时还需有法器配合使用。正所谓“无法财侣地，不能采也”。这三难能过，往后何难也能通过。

然此“七日服食过关”口诀详微，总是要在时机成熟，由师父口口相传才为相宜，非是此间只言片语所能尽详。

阳光三现

采大药服食过关功夫，下手之前要等六景出现方为正时。这六种征兆前人在叙述上大同小异，可概括为：丹田（延及膀胱）盛热，两肾如汤煎，眼冒金花，双耳风吼，脑后鹫鸣，腹动如雷，还伴随有身涌鼻搐之类。

六景中的眼冒金花，又名“阳光三现”。何谓“阳光三现”？《仙佛合宗》曰：“两眉间号明堂，阳光发现之处也。阳光发现之时，恍如掣电，虚室生白是也。”也就是说，阳光三现，每当一现，首先是在眉目间发光，虽是闭目，但这光感真实不虚，犹如强烈的电灯光自眉目内脑际内高悬，照耀于体内，可以使体内通体明亮。具体三现之候，《仙佛合宗》云：“当炼精之时，即有阳光一现之景。其时也，火候未全，淫根未缩。一遇阳生，即当采炼，运一周天，以至多番。周而复周，静而复静，务期圆满三百妙周天之限数而后已。限数既满，惟宜入定，以培养其真阳，听阳光二现可也……是时三百妙周天之限数恰恰圆满，龟缩不举之外景次第显验……纵有动机，亦宜去火，更宜入室，以培养其真阳，静听阳光三现可也。”当阳光三现之时，“真阳团聚，大药纯乾……止火之候，独是阳光三现。”

所以说，“阳光三现”正是采大药之时，此大药即是生命真种子，故言“电光灼处寻真种”。然此阳光必得三现，一现二现为药嫩，采之无用；若过了四现，药物已老，又错过时机。

小大周天莫错认

现在许多练功者，很难从一些隐话简言的丹经获得真知灼见。他们有的练功三五年，有些甚至十几年，常不免自乐自信地谈论自己小、大周天如何打通的经验功境。经过了解，他们仅一个静定功夫（心如止水死灰，外呼吸停止，胎息出现）尚未做到，竟乐道小大周天，实在是痴人说梦。但是，这里倒常常会生错觉，误以为小大周天功态就是练功初期，身心在作由后天程序混乱而走向先天有序化调整过程中，即所谓天地定位的过程中，有一些类似小大周天的运行过程。其间景象与感受千变万化，层出不穷，举不胜举。也包括一些气沿任督二脉、周身经络运行的真实感，和周身空虚、光亮等真实感受，但这些都不是真正意义上的小大周天。准确说，只应是筑基功的前奏阶段。纵然你练功十几年也只能如此。而只有在此基础上深化，达到大静大定功夫，而后才能出现真正的小大周天。所以说，有些人不懂丹法，一辈子也难通小大周天；有些人即使懂丹法，但心性修炼不纯，不能直入大静大定，也需经数年、十数年、数十年艰苦磨炼，而后方能通大小周天；也许他毕生也无法完成。然而，心性纯净者，能入大静大定，则通大小周天也并不难。今明示其奥，以供丹道爱好者自鉴，莫视丹功为易事，更莫知难而退。须知难易之分析，全在人心，克难即易，何难不易！

“卯酉周天”法诀

“卯酉周天”是指采大药服食过关之后的法诀。大药过关之后，又有七日蛰藏之功，待大丹产出，即行卯酉周天。张三丰对七日蛰藏之功与卯酉周天概述为：“自此以后，渐渐又入于大定。有时日月停轮，璇玑不行。每到杳冥混沌之极，天机自动。坤宫忽然如雷震之声，腹中如裂帛之状。真气上冲，周流六虚，飞上泥丸。月窟生风，眉涌圆光，化为玉液，降在口中，如冰片之香，似薄荷之凉。随觉随咽，沥沥降下重楼，当用真意送入中宫。如此七日，纳咽不尽。如此每回皆运卯酉周天以收之。”

如何行“卯酉周天”？钟离祖师曰：“一点金液玉露自上丹田落于黄庭，

急行卯酉周天以收之。须用真意眸光，从坤脐至乾顶左升右降，四九三十六而定。再右升左降，四六二十四而定。”

而对“卯酉周天”的左升右降、右升左降之说，前辈丹家有些不同说法。杨践形在《指道真诠·周天法》中认为：“卯酉周天，即性情交感、龙虎会合也。物柱玄关，目守泥丸，下照坤脐。久之活子阳生，气穴中火珠一粒，左旋傍脐，升傍绛宫，折左胁，透左肩，上左耳根，由左目逗存山根，转右目，经右耳根后，下右肩，绕前傍心，降脐，仍还丹田。是谓进阳火三十六次。心荡肾热，活午阴生，复右旋左降，是谓退阴符二十四次，此金木交并，卯酉周天也。及至纯熟，自然左右俱升，或脐间中通，前后俱升。两肾汤煎，妙在不经三关，自两胁徐上昆顶，漫降山根，到鼻准，入人中，经鹊桥，浓液如卵，入舌下，历重楼，落中宫，所经穴有阴邪未尽，作战微痛，必战尽阴邪，始完全先天。此金液炼形卯酉周天也。”

《指道真诠·周天法》将卯酉周天分为前后两节，前节为“金木交并卯酉周天”，左与右的升降运转都是很具体的，但所谓“进阳光三十六次，退阴符二十四次”，不过是象征着日月阴阳的升降度数，并不一定是实际上的三十六次与二十四次。而后节为“金液炼形卯酉周天”，就不存在左右升降了，而可能会是“中黄直透”或前后升降了。认为这些不同方位的升降原因是“经穴有阴邪未尽”，须“必战尽阴邪”，自然会使经脉的网络循环线如经络与纬络一样，各个环节都要疏通。所以有左右，有前后，有中线。但张三丰明确指出“左右二字作前后看，勿误”。那就说明张三丰的师承及其感受，都是只有前后循环的卯酉周天，而没有实际的左右循环。并认为，所谓使用“左右”，只是“前后”的代名词或譬喻而已。这种认识的依据是秦汉以前人们在方位上贵右贱左，把右位视为“上”与“前”的尊位，把左视为“下”与“后”的卑位。故右即代表前，左即代表后。并强调后学者对此千万不能误会。

以上对于“左右”的不同见解，依我之见，则是不应偏执一端。杨践形有“左右”，大致是当大丹循环未至自由与纯熟时，加了一些顺应经络走向的导引；“及至纯熟，自然左右俱升，或脐间中通，前后俱升”。张三丰无“左右”而有“前后”，大约一是无“左右”之传授，二是在遵循“此是天然真火候，自然升降自抽添”的过程中，自己的经络并没有左右升降的感受，这个“左右”已在自然过程中无形地疏通了。所以，两种见解并无原则之分歧。后来同修，修到此地步，有“左右”也莫视为错，有“前后”当也可行。当导引不妨先为导引，不导引一味顺其自然当更是正法。

小大周天与筑基

无论是小周天还是大周天，从根本意义上讲，都是神气相合的过程。不过，在小周天时期，尚要借用一定的后天神和后天气，为的是向大周天的先天神与先天气相合。那么，在小周天完成而进入大周天的初期，就还有一个过渡的阶段，即尚有一定后天神和后天气的作为。故古人讲，小周天是“一半人为，一半天然”，大周天则“纯乎天然”。而小周天的后天神后天气向大周天先天神先天气的转化，也是一个锻阴留阳的过程。后天神为阴神，后天气属阴气，此两者如不能根除，先天纯阳之神气就不得成就。所以，在由小周天进入大周天之阶段，从神上讲，后天阴神不会轻易退位（即使我们主观意识上有消除它的强烈意愿，但阴神仍会利用潜意识显示存在与作用），常会虚构出一些幻相幻境骚扰功态；后天阴气因为阴神不死，经络细胞尚未从微细处彻底通畅和修复如初，因而还会发生一些小宇宙内翻天覆地的变化。这些再造乾坤的变化，加上幻相幻境，就会形成一些使人极其难受或恐怖之感受。张三丰对此状况曾经说是“十个好汉，九个到这里都有些害怕”。只有抱定连死都不怕的念头，咬紧牙关闯过去，才会换来一腔艳阳的春天。到这个时候，筑基功才告完成。

筑基功的完成，即取得人仙果位。这个果位有了三大生命优势：（一）人的生命可以超常地延长；（二）人生彻底根除了烦恼；（三）没有任何外在的因素可以致人身心病患。按仙学最高的目标，人仙之果位只算仙之基础，尚须进修，由人仙升入地仙，由地仙升为天仙，方为大功告成。

大周天功夫须一鼓作气

大周天功夫好比蒸笼里蒸馒头，正上气的时候须一鼓作气蒸好，若半途停火或揭开笼盖，即使再蒸，馒头也会熟透不了。

固立丹基

修道一事，有理有法，下手即有验证，然而这些又须有专门的学习时间。而这初步的学习，是以固立丹基为首要条件。

丹者，神气相合之先天一气也。基者，先天一气生出，保固而不去，性命之基础牢牢奠定也。固立丹基反映在三种情况上：一者炼己纯熟，人心尽除，道心常存；两者玄关常开，玄牝常现；三者宿疾全消，百病莫加。古之修道，欲立丹基，就要先拜得明师，暂时离开家庭，做一段专门的功夫。就如当今去上专门的培训班，知理明法，实修实作，获得效验。

然炼己一着，是大道修炼最难之功夫。莫看你在那短期的筑基修炼中修的净、炼的纯，恐怕一入红尘，心又妄动，神又飘游。但大道却始终不能回避人生现实，故须教人再回家“躬耕养亲”，从现实生活中进一步炼己。若在现实生活中仍能保持不动不摇之真心，在下步了全大道的功夫中，就能遇魔不退，触景无情，终成上道。古之有许多修道之人，抛家弃业，远入深山，隔绝红尘，确能清心寡欲，静事修炼，修出相当功夫。然一旦再入红尘，凡心又动，凡念又摇，落得丹基倾毁，前功尽弃。此等人既不能了全大道，何况那些终日诵经焚香之徒，不知道为何事，又何足论哉！故真正修炼家大隐于闹市，不于深山当清静鬼，也不在庙观当混事徒也。

然大道也有由初乘到上乘递进之功夫。初乘炼己为要，必于闹市求之；上乘养气为旨，必于僻静深山人迹不至、鸟兽无扰处求之。既完上道，走游六合即无碍也。所谓“做几年高士敦儒”，士者，即怀有清高之志；儒者，即博览群书，行礼施义，穷理尽性，此两者皆是为日后了全大道打基础也。前人说修功夫之事，粗人得之则粗，细人得之则细，文人得之则精，其理正在于此。

何谓结胎、超脱

结胎，又名炼气化神的中乘功夫，实指练功进入人在母胎的那种生育状态。

结胎有初步结胎到胎熟的过程，又喻为十月结胎。十月结胎的时间概念，是就母亲怀孕时间的比喻而言。

超脱，又名三年超脱，又名炼神还虚，指阳神圆满而脱出凡躯的上乘功夫。因为修炼者各自存在不同的差异，所谓三年，也是概数。

总之，仙家说百日筑基，十月怀胎、三年超脱或三年哺乳等等，在于前人有过先例，以先例为后人树个目标，好让后人有个奔头。若说得太难了，就怕人一听就打退堂鼓。

十月怀胎

丹道中所谓十月怀胎也是比拟，也是实际。说比拟，是说它类似妇女十月怀胎而孕育新生命；说它是实际，是指对于一个职业练功家来说，将成熟了的丹再养成成熟的灵胎，确实需要大约十个月的时间。不仅是这十月怀胎，还有后来的三年哺乳、九年面壁，都是指职业功夫。对一个业余修炼家来说，以十月怀胎功夫而言，由于无法保证在十个月内昼夜修炼，故完成十月怀胎功夫则需要用更长时间，其他各阶段功夫也均是如此。

十月怀胎一法

十月怀胎一法，是以人道十月怀胎神完、气满、形全，成就一个婴孩作比喻的。说是比喻，但道理又是相同的。十月怀胎，是就人道中常情而论，这也是大自然造就成人的一般时间常数。但世上女性怀胎也有特例现象，如有怀七个月、八个月、九个月，或是十一个月，十二个月，或超过一年数年等情况，但它总的原则是要等到先天数足。

内丹术的十月怀胎也同此理，即职业性修炼，根据练功者的天赋和条件，造成先天神气完满的时间，一般在十个月左右，但也可能少一些天数和多一些天数。但对于一个业余练功者来说，其间的时间拉距就会加大。因为职业性练功，就像是一股气蒸好馒头。而业余练功者，就像蒸笼里刚上了蒸气，灶里的火便撤了。如果笼里热气未散再继续生火，虽然上气慢一些，但它还能续气。而如果练功间隔时间长，等于笼中冷却以后再重新生火，这就需要加倍的时间。所以业余练功者十月怀胎的时间，根据每次练功的时间长短和功效收获情况差别，可能是数年、十数年、数十年才能完成。

还有一等人，到此阶段半途而废，时隔多年又捡起来练。这就好像蒸笼里的馒头已经塌气，实际上就是原有不成熟的神气已使肌体细胞固化，封闭性很强，即使再炼，也难以修就圆满的仙胎。延年益寿还可以，欲成广具神通的仙真的不能。

“火候”

“火候”在修炼中至关重要。“火候”一词借用于冶炼术。比如炉中炼矿，何时起火，何时火旺，何时加矿，何时大火冶炼，冶炼到什么程度出炉？这都是火候掌握的事情。又如食物烹调，何时大火，何时小火，何时调料入锅，何时菜料入锅，何先何后。烹调至何等熟度、何等香色，也都是火候掌握的事情。内丹修炼之事虽不一，但火候的意义则是相同的。初下手，调心有调心之火候，调息有调息之火候，调形有调形之火候。既入功，炼精化气，炼气化神；小周天，大周天；百日筑基、十月怀胎、三年哺乳、九年面壁，一步一步，一层一层，皆有火候。民国年间，千峰老人赵避尘“火候”之法就列有行火、凝火、入火、降火、移火、离火、心火、运火、取火、提火、坎火、坤火、水中火、炉中火等种种之多。因为火候把握在修炼中是最为精细具体的关键技术，历代祖师得之不易，悟行皆不易，故历来非至人秘不外传。故有“圣人传药不传火，自古火候少人知”之说。

下手兴功火候

下手兴功火候是先武后文。文火的最深化阶段，例如所讲神凝息定后将心神放开，这个心神就是指后天识神的专一之意念。放开这个心神，就是后天识神的正念，其使命完成而交班。接下来的听息，实际就是真意的作用，是真意在听。但这个听，并不是关注的意思，有听任并合和意思，即庄子所说“无听之于耳，而听之于心”。这个“心”指的就是真意明神。而庄子接着又说：“无听之于心，而听之于气。”这里所指的“心”是指可能于真意之中又引发的识神，因为心若真正关注于听，就会引发识神。而“听之于气”之含义，就是以真意明神之灵气，去招摄和合先天真阳之气，这就是文火的使用法。

由口鼻呼吸过渡到胎息有前后两个不同阶段，前者用识神、凡息，称武火；后者用明神、胎息、称文火。但文武火的概念也是很辨证的，例如一个初学丹功的人，在一个相当长阶段是难以达到胎息程度。在这一阶段他所能运用的，只能是识神的正念和口鼻呼吸。但这当中也有文武火候：斩除杂念、强化呼吸就是武火；平静心态，调匀呼吸就是文火。而进入胎息阶段，全用明神用事，也有文武火之分：真阳未生，以静守之，守而不落昏沉，明察秋毫，静中含动，阴中含阳，此为武火；真阳既生，动而合之，合而不随其动，安详泰然，动中有静，阳中守阴，此为文火。然而这也是大体而论，在某些特定功夫阶段，有时识神与明神还要交替运用，其文武火的内涵就更为复杂，即一步有一步的对待和掌握方式。这也就如烹饪技术，要烧制一道名贵的菜肴，其主料、配料、火候掌握等综合条件，都要搭配得当，不能有丝毫的欠缺。

“火候”使用的作用

“火候”使用的作用，在于使不中和达于中和，使不合规律达于合规律，使丝毫的后天表现一概消除而合于先天，故而有文武刚柔之分，有炼采运养之分。而当这种“火候”的使用，使神与气达到了最高度的凝合，神即气，气即神，身心融通，气的升降已被圆融替代，不中和已完全中和，不合规律已完全合规律，后天全部归于先天时，“火候”的使命也就完成。以后的火候就纯粹是自然造化的火候，小周天告以完成。

火候运用的普遍性

只要是丹功，无论是动功静功，无论是初学还是达到很高程度，凡与神气有关，均离不开火候功夫。如太极拳所谓气沉丹田、意到气到，也就是火候的掌握。初学丹功练习意守，入静，也都是火候的掌握。不要以为只有到了行小周天、大周天功夫时才用火候。练功就像造饭，从开始生火到饭食熟好，这一过程哪里能离开火候呢？即使像现在使用液化气，饭熟了你将气火关掉，将锅盖暂不打开稍闭一时，这也是火候，是沐浴温养，归炉封固火候。因为火的余热仍在里面发挥作用。

所以说，练功的各个层次都有各自的火候用法。初浅层次以武火为多，中等层次文武兼用，到得胎息发生、玄关窍开，那就是调动全部火候的用法。然而，同是一个武火，初浅层次和中高层次的用法仍有区别。这就像在战场上，水平低的士卒只能死打硬拼，以顽强精神和气力取胜，而高水平的拳技家一接触敌方，并不用很大力气，而凭他的内功和技巧就能轻易制服对方。所以从事内丹修炼的后来者，不要局限于古代丹经讲解的有限语言文字，而着重在功夫实践中摸索领悟。

功中用火之法

功中用火之法，既可称谓顺其自然，又可称是人为之法。总的来说是以人为效法自然。《洗髓经》以稻谷生长作比喻，言秧苗下田，不离水火，但前期水火是渐次增加，到得谷物孕穗扬花，则须上要烈阳熏蒸，下要足水灌溉。一旦谷实饱满，则不需过多热能，其实道理相同也。这种效法自然的办法就是人为、有为。有些人谈丹法，大讲无为、顺其自然，实际上是让人在功中只保持无思无虑，除此别的什么也不管。这种理论和方法，仅能静心养气，获得一般的养生之效，若欲得药得丹，修炼性命大道，断断不能！

武火运用法诀解析

武火是采用后天识神和口鼻呼吸相配合的功夫处理方式，但这种配合是依顺和合，而不是相互鼓励。所谓“武”，是指这种意息配合方式对于降伏识神，调驯凡息，具有强制性。然而这种强制的力量又来自于天理之志。而天理之志的获得和运用，还是起自于识神本身。

前人讲丹法，将识神指为一无是处。然而实际上，谁也未能在初期实践中离开识神的运用。甚而到高层次，识神还有不可估量的实用价值。这实在是传统丹法中一大理误。

其实，识神同样具有两面性，即存在邪与正、阴与阳、动与静之分。例如丹法中常讲“拴意马、镇心猿”，是谁在拴，是谁在锁？其实，还是识神本身。这只是以识神之正念斩除自身之邪念而已。这时真意明神只能给予启导作用，而不是直接行使斩除手段。真意明神只是一个自然态、中和态。凡有活动之意，即为识神作用。而识神的正念是与真意明神相吻合的。所以，识神发挥正念作用，就与真意明神保持了一致。识神以正除邪就是“武”，识神本身所具能量信息就是“火”，而口鼻呼吸之气则是辅助识神发挥正念作用的“风”。有火无风火不能旺，有风无火丹炉冷寒，丹功修炼就失去最基本条件。

正确运用文武火候

下手练功，一般用火是先武后文。先用武火，一是因为要用其遏制杂念，一是要用它炼精化气和逼气通督。其实在功中，有时气机上升，也不必硬性有先武火、后文火的顺序。例如下手入静程度很好，就不必用武火而用文火，但中途突然生了杂念或者坐姿不正，就须调整后采用武火。还有卯酉沐浴，因为有时气机并不是有头有尾的气流，走完一个周天再重生新生，重新再走周天，而是循环不断，前拨的气经过卯沐浴在开始下降，然而同时督脉一线的气流又进入泥丸……这种种复杂的情况，并不是简单程式化的“文武卯酉”火候可以解决，全在于练功者能通观全局，从主要矛盾着手去各个解决。要大权在握，冷静沉着，处变不惊，能像诸葛孔明摇着鹅毛扇谈笑风生指挥千军万马，那才算圣贤之才能。初学者在练功中免不了常常顾此失彼，这系正常情况，既不要担忧，也不要灰心，只要掌握宁可方法不及也不可过头这个原则，久而久之自有经验积累，自会运用自如。

“屯”“蒙”静养火候法诀

“屯”与“蒙”是《易》六十四卦的第二、四两卦，前两卦为乾卦和坤卦。内丹家可借六十四卦来比喻修道的全过程。

比喻周天用法，乾坤两卦即阴阳相交，比喻下手之时以神入气。当神与气相合进入混沌境界，先天真阳之气便会从这种境界中萌生。

“屯”卦是震在下，坎在上，以卦象寓义理解，象征新生事物刚刚发生，而未来还有许多艰难曲折。卦辞曰：“元亨利贞，勿用，有攸往，利建侯。”“屯”卦在丹法中可表示真阳气刚刚回复，就像植物种子，刚刚有胚胎的萌动，连芽儿都还未发。但尽管如此，它已呈现了新生命产生而必将发展的势头，所以是个吉利之象：“元亨利贞”，有发展前途，即“有攸往”；能有所建树，即“利建侯”。但对这一吉利卦象的态度却是“勿用”。为什么？虽然它是吉利象，但它尚处于最微弱的阶段，尚无能力应付面临的艰难曲折和压抑。唯一的方式就是守护好它，不要使它遭受任何损伤破坏。在功态中，即刚有真阳萌发的势头，心意更加要静，呼吸更加要顺，特别体现勿忘勿助，不即不离，这就是进一步的守护。

“蒙”卦是紧接“屯”后的一卦，坎在下，艮居上。坎为水，艮为山，水欲流动而有山阻止，故不畅行。比喻前程不明，需要受到教育。卦辞曰：“蒙，亨。匪我求童蒙，童蒙求我。初筮告，再三渎，渎则不告。利贞。”

这一卦比之功态，就是随着真阳时的静极一动，浑而一明。动者为真阳，明者为真意。而这个真意是在原有真意处于混沌态中经先天元神所感的真灵明觉。因真阳之气刚刚萌发，犹如无知幼童，好比童蒙。童蒙天真无邪，由此率天真而行，故为“亨”。但童蒙无知无识，必须给予教育引导，才能走上正路。所以刚刚萌发的真阳之气必须要有真意主宰导引。真意即“我”。“匪我求童蒙，童蒙求我”即表示了这一主次关系。“初筮告，再三渎，渎则不告”。这与上层联系还有深一层意思，即真意（明神）与识神的关系。因为静极复动后，真意出现，然识神也同时苏醒，这时他必须服从真意，而不能因为对新生现象的不明，老想追究个为什么。一具此心，因为“再三渎”于真意，真意受渎则退而不告。“利贞”之语，即表示真阳已生，顺其发展，自有真意做主，此为“贞”。识神千万别找麻烦，一找麻烦即不“利贞”，故“蒙”者一切接受明者指引就行了。“屯蒙行处要勤看”与“常守护”同义，都是不能有识神参与，不能破坏元神、元息、元气的发展势态。

丹诀中的“有无”妙用

“有无”之说出自《道德经》中的“有无相生，难易相成”。修炼中可视为有为与无为、后天与先天的相互辩证关系。

丹诀里所指的“有”与“无”，乃是妙有、妙无。

为什么称此两者为妙有、妙无？盖在后天，精与神有形有象，可名为“有”，而先天元气无形无象，可名为“无”。然而以后天返先天的“无为而无不为”来说，前者的“有”与“无”就完全被颠倒过来，“有”成了“无”，“无”成了“有”。黄元吉在《道德经注解》里，对此有明确解释：

“太上特示下手之工，为大众告曰：凡人打坐之始，务将万缘放下，了无一事介于胸中，惟是垂帘塞光，观照虚无丹田，凝起神又要调息，调起息仍要凝神。如此之久，神气并成一团，顷刻间自入于杳冥之地，此为无也。”

这里可以看出，后天神气的“两有”变成了“两无”。

又言：“乃无之至极，忽然一觉而动，此为有焉。”

由此又可看出，先天元气原未生时或称未感人时，为一无，而“一觉而动”成了可体觉的客观实存，“一无”就变成了“一有”。以有而入无，从无而得有，有以不有为无，无以实存为有，所以“有”与“无”是“同变化”、“共相成”。对此两者的认识与运用不能偏执，一偏执便落入两个极端，不入顽空，便居有形，而不能得入玄关。

真气受阻辩证施法

真气的始发，开始由脚心涌泉穴而上，又从双手十指而起，渐渐周流一身，就像大自然的气机循环，运行不息。如果有一处气机运行到那里，而不能立即顺利通过，有暂受阻塞或得一会渗透周旋的过程，则说明这个部位原来的气不通，属于病灶。身上凡有病灶未能打通，都不能达到活泼圆通而毫无阻滞的境状。

真气能活泼圆通周流无阻，则说明身体病灶消失。能持久保持真气的活泼圆通，则说明筑基功已经完成。另外，真气运行时，如果又生出任何点滴杂念，也会影响真气运行。出现这种情况因素较复杂，有的人是身无病灶而有杂念，有的人是身有病灶而无杂念，有的人是既有病灶又有杂念。所以当真气受阻，各人须分析各自原因，辩证施法。

“久久”“慢慢”之功

内丹修炼实践中，要特别体味清代丹家黄元吉告诫的“久久”和“慢慢”之苦心。因为修道不同于干别的事，快一点就能出效率，而恰恰在“久久”“慢慢”上出效率。这如同我们的房间书案，原来干干净净并无灰尘，观看房间里也无飞扬的尘埃，然而你任那书案不擦，只要有“久久”与“慢慢”的时间积累，书案上便会堆积出灰尘来。又如一尊精美的玉器，雕刻艺术家在雕琢的当初，只能是细心耐心地一刀一刀慢慢雕琢，久久自然成就。如果心急刀猛，必然会出差错，甚或只因一刀之误，会将作品报废。何况修道是在去欲净心上下工夫，如履薄冰，如过沼泽，如无久久慢慢之功，必遭祸患无疑。

天然真火

天然真火，有后天的，有先天的，只有一个顺乎自然而已。只要顺乎自然，后天真火会转化为先天真火。

“刀圭”妙用

所谓刀圭，以真有形可名，是古代医家借丹家之理所制的一种最小单位的量药容器，其状若刀刃背之棱角。常用于称量名贵药物，计量精确，可达到分毫不差，故配制出的丹药效用神妙。刀圭取理于丹家，首先是外丹术，后被内丹家借用。“刀”表示决断，“圭”表示标准。“圭”之所以表示标准，其义在于它由戊“土”和己“土”合成。五行中，土表示中和之象，有调节金木水火四行之功用。在内丹术中，“己土”为身内明神，“戊土”为身外太虚元神。有此二土，可以调配身内身外阴阳，不使两者有丝毫的偏激，最后与二土凝结为一，大道可成。所谓“毫发差殊功不就”，也就是借用刀圭指调配阴阳的至微至细，在功夫的每一层次、每一步骤，每个细小环节上，这种平衡调配处处都不可缺少、不可忽视。静中有静的阴阳调和，动中有动的阴阳调和。反之，只要阴阳不能调和，它都会影响产药、结丹的有效完成。

下手练功顾此失彼怎么办

初学者常会认为，下手练功，心神一方面要止于下丹田，一方面要观于虚无窍，甚至还要说要守泥丸，实在是诸多矛盾，实际上这都是互相关联的。

例如下手兴工，我们静下心来先调匀呼吸，呼吸细匀绵长时，就会减弱外呼吸而增强内呼吸，这时我们就去感受内呼吸。内呼吸的息息归根都在脐下丹田，那我们的心神也就自然能止于此处。但这个止不是死止不放，只是知道，不即不离而已。比方说，就像一个中国人，他虽然身在海外，但他时刻不忘自己是个中国人。内气的自然运行，在清升浊降过程中，气团气流会升腾积聚于脑部，如果太强盛，头部全有浑昏之感，这时须守住泥丸，以神炼气，以气化神，渐渐就会清存浊潜，一片空明。说是守，而守也不存在，这便归于虚无法窍。气息从丹田而生，又返归丹田，我以洞明之心，默观气机的升降动静，止在其时，观在其间。说无法实有法，说有法实无法，一任自然天然，就不会顾此失彼。

正确对待练功的差错

一个修道练功人如果没有明师指导，理法未明，就想当然地去下手修炼，这叫盲修瞎炼，是十分有害的。但要说学功人有了明师指点，就不出一点差错，这也不符合实际。因为，练功即是有先验者的理论，却全靠自身这架人体仪器去试验，没有可供直观借鉴的依据。所以，一些小失误小差错也是必然和正常的，也不必过多担忧。我倒认为，练功者从不出错不但不可能，反倒不属正常。失败是成功之母，吃一堑长一智。关键是知错就改，切不可执迷不悟酿成大错，那才是有害无益。丹经常常于此骇人听闻地告诫，说什么失之毫厘谬以千里等等，旨在引起练功者警惕罢了。如果一说出错就不得了，那谁还敢练功，谁还能练功！

正确理解修道练功的“我心不动”

修道练功有个术语叫“后天人心死，先天道心活”，所以静功修炼特别强调“我心不动”的功夫，但“我心不动”的道理有几点值得练功人注意：

（一）我心不动，就不随自然造化而转移。这是一般情况下的修道真理，但是具有条件的，不可将它绝对化。如我举个例子，若将一个死心不动的练功人，周身堆上柴草点燃，他同样会随这自然造化化为灰烬。而在一般自然状态的情况下，“我心不动”确是可以不同自然造化同转移。且功夫炼至神形俱妙，那才真正可以说不随自然造化同转移，但这仍是相对而言。如丹家自言修炼成功就可与天地共长久，这显然是生命永存的概念。但实际上，最长久的天体也不是长久的。故老子讲“天长地久”，是将人与天地比；又说“天地尚不能久的，而况于人乎”。就是认识到天体自然也有生灭变化。只要将“我心不动”辨证对待，就不会钻牛角尖，干出蠢事。

（二）丹经言“一心内守”，这个“内守”应是心神收敛的意思，不能把它局限理解为守住身内。所以丹经常又强调应在不内不外处去守，这是至关重要的法诀。

（三）顽空之弊，练功人犯此错误者不在少数，其中包括一些颇具悟性的老练功人。他们所犯错误的原因，大多处于无明师指点，又对丹经不甚了解，仅对“道法自然”、“无为无不为”作片面狭隘的理解，自信在练功中只要什么都不想，功中出现什么气动感受也全然不过问，这就可以自然达到高层功夫的境界。他们却不能觉悟到，大道本是无为，而人欲返归大道，却要付出主观能动的有为方法。不过这种有为之法就是如何以主观遵从客观而已。前人就曾指出，如果修道失去有为，岂不是猪狗都能得道？因为猪狗最是无为的。就人而言，那些痴呆憨傻之人、植物人，可谓是完全彻底的无为，但他们能修成大道吗？

做功夫必须循序渐进

读者当知，进火采药首先还不要用“息包神外”之法，而是待呼吸能调其自然以后，再行“息包神外”之法。而这又是对杂念难以消除、呼吸尚难调匀者而言。我们今天练功的读者在读黄元吉丹法时，一定要根据丹法讲解的各种层次情况，和自己练功情况加以对照，属于那种层次，就从那种层次选择起步方法，切勿乱套越等。

丹功修炼是由浅入深一步步走过来的，犹如从小学升到大学。但小学生阅读大学课本只是不懂而已，而炼功，处在初浅层次妄想对高层次功夫进行尝试，非但不会收效，反而有大害。所以，对高层次功夫作些了解可以，它有助于功夫升级后心中有数，能予以应变，但决不可以好奇心去尝试。不然，等于基础不牢就建高楼，高楼必垮，以后还得从头打基础。前代祖师们对此的经验教训很多，因而对后代的提醒和告诫也每每苦口婆心，所以我们对此一定要有清醒认识。

功态“幻相”之浅谈

“幻相”，是指功态（专指静功）中出现超常的，或特异的，但却并不真实的现象与感受。作为靶象，即幻景、幻象、幻音、幻信、幻力；作为自认，即幻视、幻听、幻嗅、幻觉等。幻视的靶象即幻景、幻象，如奇异的白光、图案、景色、植物、动物、人物、器物、建筑物、文字符号，及其可能组成的情节内容。幻听的靶象即幻音，如奇异的声响（类如风鸣、雷动或其他单一或复杂的自然声响和机械音响，如沉重的器物由地面移动的沉闷声，如金属器物刮划的尖厉刺耳声）、鸟鸣、兽吼、鸟兽作人语、美妙或凄厉的音乐、人的语言、仙佛的语言、怪物的语言、可听懂和不可听懂的语言等。幻嗅的靶象即幻味，如各种气味：花的气味、食物的气味、矿物质气味，与不可辨别之气味等。幻觉的靶象有两大类，一种是体觉，一种是意识觉（可称神觉）。体觉通常反映为身体的变异，如身体顶天立地般巨大，被强烈压缩为扁小、矮小，身体变为细窄高长，或身体剖为两半、四分五裂；脑袋被紧紧箍住，脑袋被挖成空洞，脑袋少了一半，脑袋没有了；还有身体感觉腾空，身体内热冷困麻，以及体内其他千变万化又千奇百怪之感受。意识觉通常反映为对某些人物、事件的过往历史（熟知的或陌生的）片断的呈现和未来历史的呈现（可能或不可能，即真与假），和对某些日常存疑问题的顿解（有真解与假解，如顿解出某一药方可治某一疑难病有神效，而脱出功态可能证明这一药方果有奇效，也可证明这一药方滑稽不堪，只是玩笑而已，不可为药），突发奇思怪想（如把风马牛不相及的事物联系成为一件新奇事，或突生一个人生观、世界观的新看法、新思路）等。

前面说过，“幻相”是并不真实的现象与感受，但这应该主要是指，它与练功人当时所处的现实真实的情况无关。比方说，功中“看”到的景象，所处的现实中没有；功中听到的奇异声音，现实中也没有发生的可能；功中闻到的花香，现实中并没有花或并没有那种花；功中的追忆与未来事物的发生呈现，都不可能在所处现实那时刻认定，如此等等。

但反过来说，既然幻相有相，那么相就是一种实存。我们权且不论它们的产生原因与背景如何，仅就它们确实给了练功者在功态下以真切的呈现（人就是人，鬼就是鬼，仙佛就是仙佛，怪物就是怪物，总之，所见到的此决非彼）与感受（冷就是冷，热就是热，顶天立地就顶天立地，脑袋没有了就是脑袋没有了，如此等等，所感受的此决非彼），那么它就应该是功态下的真。另外，功态下的幻相，毕竟都是通过人的神经系统所感受到的，作为靶象，必须具有信息、能量和物质特性。不然，它们就无法被产生出来。从这一点上讲，它们仍是一种实存，可谓幻相不幻。比如我们当头被挨了一棒，眼睛猛然冒出金花。这金花并非是幻相，它是木棒砸击脑壳，脑壳内瞬间产生震荡波，这种震荡波通过生理结构发生为生物电波，震荡过速，使波的特征不明显，而使粒状特征明显，通过视觉神经，使我们看到金花金星。那是电粒子，有其物质基础，所以它不是幻相，不是什么也没有的幻相。

如果把幻相定义为根本不真实，与所处现实无关，一般来说，只有如下情况才可以被认定；在月光下明明是树和某物的影子，却把它当成鬼怪；明明大白天一根树桩，却将它认成人去拥抱。总之，在现实中把此错认为彼，才属幻相。实际上，这种幻相并非相幻，而是觉幻。

故而我们说，功态下的幻相并非幻相，是功态下之真相。这正如我们评论生活与艺术，生活有生活的真实，艺术有艺术的真实，艺术的真实可以反映生活的真实，但不等于生活的真实，同时还可以完全虚构的道理一样。不弄清这个道理。我们就难以深入研究分析功态“幻相”，难以正确评价功态“幻相”。

幻相产生的原因，与功态的入静程度以及练功者的神经系统密切相关。入静程度可大致分为浅层入静、中层入静和高度入静，而这种不同入静层次则是神经源、神经脑、神经分布组织不同类状态的显示。以神而言，神经源即元神，属无形的先天；神经脑即识神，它以有形的神经网络为发生基础，属有形的后天；神经分布组织，即职能分工神经细胞群，它们是神经网络本身，由神经元和神经胶质两种细胞组成，是识神的工具，负责发放和接受信息与刺激，属后天之后天。入静的由浅入深，即为由后天返归先天，也即由有极神（职能神经、识神）向无极神过渡的过程。入静的程度浅，有极神的后天作用显示较强，它们不但仍然可以接受外部信息，而且还可以“翻阅”库存信息和制造信息。这一阶段，对体内气运感受明显，容易勾起回忆和臆造信息。例如身体腾空、脑袋没有了、往事回忆、仙佛出现，一般是浅层入静的表现特征。但它们往往也会与返归过程中的神经调整而发生的神经交感碰撞从而发生的信息异化有关系。譬如一个人物信息和一个动物信息，再加上一个声光信息，发生交叉碰撞，可能就会异化为一个发出怪声的怪物来，会把外部的鸡叫声异化为美妙的音乐等。中层次的入静，往往是元神和识神相互为用，识神的后天醒明态减弱，职能神经的末端作用消退，使元神有了可以呈现的机会。元神态是无极的混沌场态，这种场态可以与宇宙场共化，故在宇宙内可以全息直觉，具有超时空特征。练功者处在中层入静阶段，由于元神的超时空直觉，与识神的感知判断混合而用，既可能发生更多的真知信息，也能够接受更多的真知信息。信息异化会使“幻相”内容更加丰富，真知信息会使人产生“六神通”（如遥感、遥测、遥视、预知过去、未来等）的单项或全部功能。在这个阶段，“幻相”有真有假，不经过某项的反复测试辨别，就不易认定真假。对真的功能若进行强化训练，真的功能就可能得到发挥和加强。但如果这样，身心双修也就会变成身心双耗，无益而有害。修道者是不能追求这种功能的。到了高度入静，也就是大定大静，全是元神呈现（后天识神已与元神化为一体），有觉无知，这一阶段，一切“幻相”也就不存在不发生了。也只有这一阶段，才算真正进入道境。

由此我们可以这样认为，“幻相”是只有在功态下才有可能发生的，它与梦境有类似之处，但又有根本的区别。“幻相”产生的背景是入静程度不高，识神功能并未消除的浅层次功夫状态。“幻相”是功态下的真实，这种真实不能与常态下的真实同日同语，所以同样也不可将功态下的真实视为常态真实。“幻相”在常态现实中测试，有真有假，因为练功人各自情况不同，这种真与假，也因为练功人各自情况不同而不同。“幻相”是内丹修炼过程中的一个必然阶段的现象反映，不是坏事，但也不能当做好事。当做坏事会使练功止步不前，就此罢休，十分遗憾；当做好事就会追求“幻相”，使练功出偏，走火入魔，误入歧途。练功者遇到“幻相”出现，正确的态度是不要理它，只管死心不动，到得周天通彻，元神用事之时，其“幻”自去。

防危虑险法诀

内丹修炼中无论使用文火武火，总须心志专一，若杂念乍起，神思游移，不仅神因此而散，元气也有走失之患，此种现象被称为危险之兆。

另外功境下也易出现魔幻景象，同样也是内炼之大敌，也是倾炉毁丹的危险之兆。这些魔幻，古人列为十魔，其说不等。《钟吕传道集·论魔难》：“所谓十魔者，凡有三等：一曰身外见在，二曰梦寐，三曰内观。”具体为六贼魔、富魔、贵魔、六情魔、恩爱魔、患难魔、圣贤魔、刀兵魔、女乐魔、女色魔。”《灵宝无量度人上经大法》卷四五则归类为：“一曰天魔，二曰地魔，三曰人魔，四曰鬼魔，五曰神魔，六曰阳魔，七曰阴魔，八曰病魔，九曰妖魔，十曰境魔。”总之，这些魔相一是由于炼己不纯，由心理中潜伏着的各种复杂的欲念所构成；一是功态下肉体与感官对外部环境中所给予的色光、音响、温度、物质、气味和某种信息传感刺激而产生的形象直译或错译，以及混乱再加工所构成；一是身心潜伏的各种病疾通过心理感受的幻化所构成；一是元气运行时，由于脉络不畅关窍未展，元气触及经络、关窍，由神经反馈于大脑后，大脑非理智错译所构成。而这一切，若在功态下出现，都应一概置之不言不理，不惊不怕，不贪不恋，只需高悬真意正气的慧剑，镇定自若，魔幻即会自行消除，此即古诀“虑险防危莫放宽”。否则，认幻为真，或因惊恐消散神气，或因贪恋堕入魔境，莫谈丹不能修，人也从此将精神失常，非疯即癫。这种人十有八九不可救治，致成终生大误。

隐语明说篇

阴　　符

何谓阴符，前人大致有两种解释。

一种指在炼小周天时，内气沿任脉下降的状态。由督脉升顶一路为“进阳火”，由任脉降海一路为“退阴符”。清代刘一明在《参同直指》中曰：“退阴符者，阴阳符合之谓。即阳极为当阴养之也。”

一种是指性命、身心。如钟离权在《黄帝阴符经集解》中曰：“阴者，性之宗；符者，命之本，此阴符之旨。”元朝王道渊在《黄帝阴符经夹颂解注》（卷上）中曰：“以道用言之，人之四大一身皆属阴，唯一点祖气居天心属阳，是曰命蒂。性与命合曰符。符者，契合也。分开两个，勘合浑沦。阴符二字，身心也，性情也，水火也，神气也，铅汞也，龙虎也，动静也，乃为修丹之根本，养道之渊宗。”

修士在读丹经时要看“阴符”说在什么地方，以便正确理解运用。

“阴符”解

“阴符”二字，钟离权在《黄帝阴符经集解》中说：“阴者，性之宗；符者，命之本。”其意是说，神即性，性主静，故为阴；气即命，命依性，故为符。符是古代传递信息的证物，以一木片或竹片画上符号或图案等表示含义，再将此木劈破为二双方各自保存，日后此证物能相合无误，才表示真实不假。

丹法以性命、神气两者相合称为阴符。阴则表示看不见的“暗”，符表示相合，阴符则说明性命、神气暗合的情况。

阴　跷

阴跷，这里指会阴穴，又名虚危穴。绛宫，指心房部位。

阴跷脉

阴跷脉，此脉一可指会阴穴，一可指足少阴脉的始发处，还可指全身静极生动的初刻。然而，这三者又是密不可分，最明显的发生兆象就体现在会阴穴。

虚危穴

虚危穴，即会阴穴。《性命圭旨·利集》云："所谓虚危穴者，即地户禁门是也。其穴在于任督二脉之间，上通天谷，下达涌泉。故先圣有言，天门常开，地户永闭。盖精气聚散，常在此处，水火发端也在此处，阴阳变化也在此处，有无交入也在此处，子母分胎也在此处。"《黄庭经》云："闭塞命门保玉都者此也，闭子精路可长活者此也。盖真阳初生之时，形如烈火，状似炎风，斩关透路而也必由此穴经过。因闭塞紧密，攻击不开，只得驱回尾闾，连空焰迁入天衢，经上奔一撞三关，直透顶门，得与真汞配合，结成丹妙，非拘束禁门之功而谁欤！"

“天地定位”

凝神调息阶段，我将它称为“天地定位”阶段。因人落后天，先天程序渐被打乱，周身经络不通，关窍受阻，气血不活，周天不畅。用此凝神调息，即可将被打乱了的先天程序修复完善，故可称“天地定位”。这个阶段，运气是先由口鼻呼吸渐渐过渡到胎息，用神是先用识神渐渐过渡到真意。总之，重要功夫是在后天上，故而气的鼓荡调整也主要在营卫之气上。在“天地定位”过程中，先后天要作大调整，所以气运现象最丰富多彩，给人的感受也千奇百怪，生理病理都会出现一些异常反应。一些知理不深的人，处在这步初层功夫中，往往因不知就里，有的以为出了偏，有的却以为出了神通，有的人以为得了上道，有的人认幻为真，或谓遇见神仙，或谓遇见恶魔；也有人不知所以，拿不定主意，终成盲流大军。这种情况很类似自然气候反常，大自然在一定时候，为了调节平衡，就会出现一场暴雨、狂风、冰雹、地震等既凶猛又特异的气象征候。这个气象征候一过，自然气候又恢复正常，并无什么奇怪。

何谓天地定位

我之法门的理论认为，凡是未进入正式胎息之前的任何内气运行现象，均属天地定位现象。

所谓天地定位，即将后天被人为打乱破坏了的生理程序，恢复到先天完美的生理程序状态，将后天八卦逆用，而返归先天太极，从而重塑先天八卦，这就叫天地定位。按照这个理论，后天返先天的过程中，有小周天、大周天；而由先天返归先天之先天的过程中，也有小周天和大周天。

“地下动惊雷”的真义

玄关窍开的“地下动惊雷”之解释，固然是大多丹家的经验之谈，但它只是玄关现象的一个方面，而不能说明这种解释是唯一的。因为人达到真空之际，是似睡非睡的状态，是一种无梦之梦的状态。如果是真正睡着，便落入与一般常人睡眠一样的状态，而不会有一惊而醒的真阳勃发时刻，这是绝对要作区别的。再就是，人身心达到真空之际，可以像熟睡般发出鼾声，但也不是人人都会这样，有人会继续保持口鼻无声无息的胎息状态。

而所谓“地下动惊雷”应是广义指真阳勃发那一刻的景象。这可从两方面解释，一是下丹田处于坤腹，坤象征着阴与地，从坤腹中生动真阳，就像冬去春来，春雷初次震动，在卦为震，比喻为雷，而非有声似雷。再就是真阳从至静中萌动，会从丹田中猛然生出鼓荡之象，练功人从感受中形容其像隐雷滚动。甚而它在丹田鼓荡时，腹内确实会有隆隆滚动之声。这后两者大约才是“地下动惊雷”的真义所在。

“借假修真”解

借假修真，也就是借后天修先天，借有形求无形。所以，既然必须借助于后天有形，修炼功夫就必须是有为的。这也就是以有为的手段方法，去返归那无为的境界，最后获得无不为的广大神通。因此，有为与无为的关系必须辩证看待。否则，正所谓差之毫厘，谬以千里。

生命对于人来说，一生只有一次，而丹道却正是要借助人的生命自然来进行修炼的实践和实验。方法正确，则生命直接受益；方法错误，生命将伴随着错误的结局而付诸东流，而再也无法挽回。想到这些，可不令有心向道者百般警醒么！

“谷神不死，是谓玄牝”解

谷，原义是指峡谷深渊，谷即空旷。“谷神不死，是谓玄牝”，是以“谷”作形容词和动词并用。“谷神不死”意思是说，将神处在空旷虚无之处，它就永生不死。“玄牝”，“玄”指原始和本初，“牝”指能生育的雌性。“玄牝”就是最初生育万物的母性。从内丹修炼去理解这句话的含义，那就是：将我们的心神涵养在无思无虑、空虚灵明的状态，那就是天道孕育我们最初生命的母性状态。

“五龙捧圣”解

“五龙捧圣”是百日筑基之后七日过大关时的法诀隐语，借喻真武大帝修炼的故事，说真武大帝得道升天时有五龙捧拥。在内丹修炼中，“五龙捧圣”有两重含义：第一层含义，五为中央土，象征真意；龙为元神；圣为丹药，意为用真意运起元神之火督导扶持真阳之气上升。第二层含义是，有些内丹修炼法门如伍柳派，在修到七日过大关时，需要道侣帮助，用手掌在练功者的督脉线上，由尾闾推导真阳元气向上逆行，手的五指比喻五龙，真阳元气比喻为圣。

“月窟”的含义

“月窟”的含义，“窟”是空洞的意思，与孔相同，表示虚空，表示宁静，表示能容纳，表示得而不居，这都是月亮的本质特性。“月窟”象征人的真意，也即“心无其心”的心。

在初步入静阶段，真意下守丹田，这像太阳照在水上。下丹田生出元气，这像水中生出金子。

在第二个阶段中，元气升入脑部泥丸，真意就另比喻为本身不发光的月球，而元气则被比喻为太阳的光芒。以真意之空阴而接纳元气之空阳，元气将真意这个泥丸居所充实圆满，就像十五的圆月盈满了。而这时真意这个“月球”仍是宁静的，和合元气而不居私以留，听任它盈满之后再下降，再亏缺。这才是“月窟”的真实含义所在。《道德经》中说：“孔德之容，惟道是从。”这句话完全可以用来比喻“月窟”一词。不然，以“月窟”为亏缺来形容元气的盈满，就显得勉强。

“重置琴剑，再安炉鼎”解

“重置琴剑，再安炉鼎”，琴即心，心和即如琴；剑即元气，气正气刚即如剑。炉即下丹田，鼎指上丹田。有些丹家也将丹田分为内外两层，外层喻鼎，内层喻炉。“重置琴剑，再安炉鼎”可以理解为：一指练功未得真诀正法，出了错，走了冤枉路，现在得了真诀正法再重新起步。一指练功达到一个层次后，再向一个高的层次冲刺，内涵和质量都有更高的要求，因此要“重置琴剑，再安炉鼎”。

何谓“七日来复”

七日来复有两个含义：

一是指职业修炼家下手入静，方法得当，一般经过七个昼夜，可以达到先天阳气来复的效果。但这个时间对所有修炼者来说，又只是一个概约数，晚于这个标准的多，准于这个标准的少。因为“七日来复”的先决条件很严格，达不到者就得补课，课补上了才能达到。这如同小学六年课程，到小学毕业时，真正门门满一百分的极其少。要达到每个学生门门都满一百分，那就得补习。这样看，有的学生还得一年两年或三年五年，而有的或许还得十年八年或更多年。而实际上有的学生一生都还难以圆满完成小学学业。

“七日来复”的第二个意思，是从自然界讲一阳来复的时数，即乾卦六爻周数完成后又一起始。总之，什么时候只要发生了元气萌发，也就完成了“七日来复”这个过程。

何谓“生身受气之初”

“生身受气之初”，即指父精母卵最初感应结合的那一瞬间。那一瞬间，先天元气受到感应而渗入，生命的胚胎种子形成，并最初输入了生命信息。但这时，人的意识远未形成。虽说它尚未形成人的意识，但就是这种真感真应的信息，给新的生命注入了纯客观的真知真觉。

何谓“造端乎夫妇”

子思子曰：“造端乎夫妇。”意思是说：“任何事物的新生都根自于夫妇现象。”

究竟这个“夫妇”指的是什么呢？难道能像文人们所说：对待女子所在的场合，应该像朝廷议事那么严肃庄重；男女的交往和性生活必须有礼节，遵循一定规范；以夫妇和合这一种礼节规范行为去推展，足可以很好地处理世间的矛盾，以达到治理国家而无困难？

如果像这样谈论道，未免是太小看了道，所以实际上是无法放之四海而皆准的。至于如此统天御地的大道，以其有形有迹、有作有为的片面表象去作有限的概括论述，怎么能会表达出道的无边广大性呢？

实际上，这个“夫妇”，从人身来讲，它既可指先天的一乾一坤，也可指后天的一坎一离。总之，指阴阳，指水火，指神气，指性命。这四者可归于一个阴阳上，也可由阴阳属性根据不同表述对象，指水火、神气、性命。而这四者，也可以对万事万物处于相对态势进行类比。例如说，我要找人办事，我即阳，我即火，我即神，我即性。对方便即阴，即水，即气，即命。我欲把事情办好，就必须以阳入阴，以火入水，以神入气，以性入命，以感化对方，与我合一。由于阴阳相合，水火既济，神气相交，性命归一，即对方与我保持一致，支持我，与我合作，事情自然就办成了。如此类推，无事不是如此，此即“造端乎夫妇”。

何谓身中真阴真阳

所谓身中真阴真阳，是指身内之先天元气元神。身内先天元气元神是宇宙先天的后天，又是人身后天的先天，元神无为而静，故为真阴；元气运动演化，故为真阳。所以，身内元气就身内而言，也可称为真一之气，而与宇宙先天真一之气比较，它就只是身内真阳。

丹经中讲的阴阳，有层次上的对立辩证性，如高层次的阴，可能就是低层次的阳。这正如冰、水、汽三者，水相对冰为阳，相对汽则为阴。不明此理则处处糊涂。

矿、药、丹

内丹法诀中，把凡精比喻为矿，把呼吸比喻为风，把神比喻为火。以神火借助呼吸之风的煽动，去烧炼凡精之矿，当凡精炼化出真阳元气，这真阳之气即为药。因而，药就是神气的结合物。神气的积累升华即为丹，所以丹就是神气的凝聚物。

什么是天谷

什么是天谷？人头中有九宫，中间的地方就叫天谷。

据“武当山炼性修真全图”所示，人脑中分为九宫，因其气色分为九真，分别为至真、太真、虚真、仙真、玄真、上真、神真、天真、高真。九宫之中虚悬一窍，名泥丸宫，又名玉帝宫，玄穹主，为元命真人即元神之所。因其至高无上，又空虚无象，故又称天谷。它的位置是处在眉心入内与头顶正中入内的交接点上。其实就是上丹田。

说“法身”

“法身”这个说法，其意思有两方面，一是指它是通过特殊的方法锻炼所获得的先天真身，二是指这种经锻炼而成的真身具有无边的法力。

说“铅”

《悟真篇》中说：“劝君修道莫入山，山中内外皆非铅”“此般至宝家家有，自是我人识不全。”

铅即精气，真气。此气固然生自宇宙自然，日月山川无处不有。然人是万物之灵，人之真灵之气比起山川万物之真灵之气，那要精华得多。故采山川之灵气，无如采人身之灵气，此也为同类相求。有人处即有灵气，何等便利，但这种采补法乃利人利己之法，有不可公开之秘。

同类相求

人为动物之一，动物为自然万物之一，都是宇宙间先天一气所化生。先天一气布满宇宙自然，不增不减，不消不盈。

先天一气之功用，即为道之德。故古人曰，“道在人中，人在道中”，

“得道多助，失道寡助”，“道也者，不可须臾离也，可离非道也”。正因为如此现象，张三丰才说，“此金丹灵药，非世间之所无，非天上之不可得者，只在于同类中求之，乃生身固有之物也”。然而这“只在同类中求之”一句，也特富广义。一则说“同类”即人，人修道还是得从人身上修起；二则说同类之间可互修互补，包含着阴阳双修的可能性、可行性在内。

正确理解丹经的隐语和比喻

内丹修炼功夫的内质，是很难用一个准确、统一的名词来说清的。所以丹经常用铅汞、水火、坎离、龙虎来作比喻神气性命。比如说后天识神，其中之真阴，可以神的安静状称为阴神，也可以归伏状称为真意和明神，也可以物质状称为元精，也可以先天状称为祖气本性。比如说后天精水，其中之真阳，可以带有生命主宰信息称为元神，也可以精中之精称为元精，也可以虚无状称为元气，也可以性感特征称为真情。而这其中，又和五脏六腑的生理变化及周身经脉发生着一系列联系。总之，修炼之事，对相关术语，既要从意会上认真，又不可抠着术语字眼去认真，因为太认真就堕入文字相，反而背道而驰。

何为外丹田

内丹田人多知之，而外丹田人则少知。其实所谓内外丹田，内丹田是人先天生命之根，外丹田是人后天生命之根。我观前人皆不明指，我也不欲一口说出。留待学道人认真悟一悟，料必更为有益。

何谓甘露神水

所谓甘露神水，一般指气与津两种现象。气的感受大多像清晨或雨过天晴时，密林清新的雾露，弥漫式下降，清爽舒愉无比，赛饮醍醐美酒；津的感受是口腔内涌生甜润清澈的津液，分次缓缓咽下，顺喉管汩汩有声，下降过程中喉道与胸部皆有润畅爽快的感觉，以上两者合称甘露神水。

华池神水

华池，言有形，为丹田；言无形，为虚无清明之境；言状态，为静之又静。这个神水，乃无形之水，指元精所化元气。

何谓中黄宫

中黄宫，处于有无之中。以其有，可指中丹田，以其无，乃指存心而不用心的静空状态。中乃中正无偏，实际是一种无中之中；黄为五行之土色，土王四季，土养万物，乃主宰与生养之象。以其中丹田的定位，这就像在圆圈中有了一个定位点，然而最后还要将这个定位点抹去，这才是真正的中黄宫。

龙吟龙啸

“龙虎”二物在丹功中喻义颇多，如真性真情喻为龙虎，灵知灵觉喻为龙虎，元神元气喻为龙虎。但这些比喻其中又存在相互关联。

如元神为龙，元神又表现为真性、灵知，在生理反应上还表现为心中灵液，如气行周天时，由泥丸向中丹田下降，随着心神的深度澄净，口中会由上腭涌生出甘美津液，此即为“龙吟”之象。有此现象，当轻轻默默地分口咽下，随气下降而汩汩落入丹田。在下降过程中，稍用意加以关照。不过此在“虎啸”之后。

如元精为虎，而元精又表现为真情、灵觉、元气。如丹田真阳萌发，在生理反应上就是活子时的种种征象。故活子时真阳萌发，由“屯蒙”发展到如上弦月相时，就是“虎啸”正旺之时。真阳未生如矿之未化，此时当炼。真阳既生如矿之已化，此时当采。炼与采皆分武火文火。不过，炼侧重武火，采侧重文火。炼者使无中生有，采者即保存此一有。

玉液还丹

玉液还丹，是丹道内炼术语，指炼精化气由初步到成功的全过程。这个精指肾液中的真阳之精，随元气沿督脉升至泥丸，会合心神灵阴之液降下中丹田，丹家称“积而为之金水”“举之而满玉池”。实际也是黄元吉所说真阴真阳的聚合物。只有这种真阴真阳周而复始循环交合，真精真神都成了一团真气，没有彼此之分，而且经过久久温养，再不可分，玉液还丹才算完成。又因为在这种周天循环过程中，沿经口腔时，口腔内会产生清凉甜润、洁净无比的津液，有玉的凉润，而又比玉为水精，久积方成，故称为玉液。

关于丹经隐语

黄元吉说，以神炼气的隐语，本来与练功的具体实践与奥秘是无关的。而这一惯用隐语的丹经道书，也不过是以隐语来回绝求学的人罢了。而有些好猎奇的人，就将这些隐语视为秘诀天机，弄得神乎其神，甚至往往被他们曲谬的理解，而导致以讹传讹，引人入于歧途。所以黄元吉特别进行破解，以消除学功人的迷惑。笔者深为黄元吉拨雾指迷的态度感到赞叹。

细而论之，笔者为古丹经作注，还不是一样的心情！但反过来想，黄元吉传道十余年，弟子无数，然得其真传、修得上道的又有几人？可见，大道讲得再明白，无视者仍旧无视，不修者仍旧不修，明白又有何用？即使笔者作注，也不过欲求广传善缘。然而将来果能视我注为至宝，从而实修实证，又会有几人呢？由此看来，反不如满篇隐语，让他丈二和尚摸不着头脑，他反而会打破砂锅问到底呢！

世人就是怪，好东西不加包装，他反以为不值钱，不买；假冒伪劣产品，只要加个精致的包装，他会慷慨解囊。见怪不怪，天之道也，人之道也，各奉其道也！

附 丹经譬喻

坎（水）离（火）

坎离非有形水火，乃无形水火。无形水火借有形水火以引之；有形水火赖无形水火以主之。有形无形之物，得之有意无意之间。

按：坎离为八卦中两个卦象，八卦各为三爻，可对宇宙间万事万物加以比附说明。如对自然界现象的说明，坎外阴内阳，表示水；离外阳内阴，表示火，它们是乾坤阳阴二卦产生运动时所呈现的第一交变形式。坎，外阴内阳，它是坤阴得乾之一阳的结果，但总的倾向仍在于阴，故象水，利万物，比附人身则象精，滋养人的生存。离，外阳内阴，它是乾阳得坤之一阴的结果。但它总的倾向仍在于阳，故象火，即能量，主宰万物，比附人身则象脑神，主宰人的生存行为。在宇宙自然中，物质的水与能量的火是不断交合运化的，所以，丹道比附自然，要将物质的精化成气与能量之神也不断交合运化，自觉顺应自然规律。

水（精）火（气）风土

水火相聚，而成者，所以贯通血脉、导引逆流者也。与俗谓小便为水大便为火、下部出气为放风（注：此指打屁）者不同。鼻属上形之始，生土，能合阴阳，生万物，故息调于鼻。

按：水火风土，是佛教对宇宙自然基本构成元素的认识。在丹道中，水指精，火指神。因为气是水受火蒸发而成，处于上位，所以气倾向于神。也有将水火比附神气，水为气，火为神。这些比附法都是相对而言。风指呼吸之息，所以指鼻。土指真意、明神，能主宰调节，利生万物。

主人翁

神。

按：人身有三种神，元神、识神、明神是也。元神为本能反应本能调控之神，识神是思虑谋划之神，明神为天良主宰之神。三种神中，对生命的正确主宰者就是明神，因其是生命的真正主宰，所以称主人翁。

壶中日月

谓身中阴阳也，与身中日月不同。

按：古代传说海上有仙壶山，是神仙住的地方，此以仙壶山比人身。身中阴阳指精与气，也指气与神；身中日月指双目。

掌上阴阳

谓握修炼之术于掌上，以升降清浊，分阴分阳也。

药物有三

漱液、咽津、采精华。

按：此药物有三乃特定情况之说法。丹道喻药物，种类繁多，如酒、色、气、七情六欲皆可谓药物，断一样，得一种药，断一次，得一次药。仁、义、礼、智、信也都是药，既生既采，可助修炼。又，调身中之元气为内药，采天地之元气为外药，及烧炼之丹为外药等。

火候有二

有运气火候，有定气火候。

按：运气火候又称升降火候，定气火候又称温养火候、沐浴火候。

结胎养婴

结胎，谓凝其神；养婴，为活其神。

按：神有元神、明神、识神三分也，总是一体三用。元神是无极之神，明神是太极之神，识神是有极之神。守神者，明神用事，识神伏，元神归。活其神者，活其明神也。因其识神灭，元神归，此活之神也可称元神，是三神合一之神。结者养者为明神的作用，所结之胎所养之婴乃为神的一元之体。这是丹道家从来少透露之奥秘，我今道出以醒迷者。

结胎养婴

皆喻言也。云结胎者，不过取其精不外溢、气不外散、神不外走，运于腔中如结胎一般。云养婴者，结胎以后，运起无根水火，使精有所注，气有所归，神有所主，活活泼泼如养婴一般。入得定来，斯出得定去。入来则哺乳有法，出去则解脱无拘。人凡两途，任气所之，皆自结胎养婴得来。人不善悟，多以为借气炼精以为胎，胎在腹中炼成婴，久久功满自然出现。此不通之论，毋为所惑。

按：此解切当。

雷　鸣

指腹鸣言，也有指下部出气（即打屁）言者，以雷出地奋故言。

按：此为一种解释，也可将雷鸣视为身内气动之感受。

地　震

指下部出气（打屁）言。

按：此解太狭隘，它应指内气发动后丹田和腹部所产生的一系列动象。

小天地

谓人一小天地也。天指上身，地指下身。

按：此解太狭隘。小天地之说，无非指人也是一个宇宙大天地的缩影而已。若硬性比附，天为虚无之体，象征人之精神；地为有形之体，象征人的肉体。此不必落入文字相。

三　　才

上泥丸、下尾闾、中黄庭。合言之，身中上中下也。

按：此为缩小范围之说，三才的惯指为天、地、人。

河　　车

谓气道如河中水车之回环也。

按：河车是就小周天而言的，指元气在任督二脉中的升降周运的循环路线，如同农夫从河与塘中汲水的水车故名。

辘　　轳

谓气之上下顺逆、纵横变换，必借枢纽，如（井中）汲水之有辘轳也。辘轳者，系汲水器而为之转环也。

按：丹法中，辘轳是将精气升而向上以补元神，又将元神降而落下以炼元精的明神，古丹诀称为真意。真意与元神虽本一体，但在这里，真意就像轴心，元神则像辘轳的外体。没有真意这辘轳引领，精气神的河车就不能转动。

炉　　火

谓气也。有吐纳之气，有呼吸之气。有吐纳多而呼吸少者，有吐纳少而呼吸多者。有微吸缓呼者，有大吸长呼者。上下顺逆，纵横变换，确有无增无减、不疾不徐时候，故又名火候。

按：此解不确。炉者，大者比人全身，小者比人丹田。火，此处指神而言，主指在丹田炼精化气，后天精比喻为矿，以火炼矿化而得金，即先天元气。武火指识神用事，带有强制性；文火指明神用事，纯属自然性。火借风势使炉火或文或武。风也有二，初层指口鼻呼吸之气，深层指丹田先天状态下自然的动势。炉火，只是丹法名词，不是火候的概念，不能混同。就如饭，只是一个食物的名词，而干饭、稀饭、包子才是具体概念。

三分文火、七分武火

谓呼吸之间，十分功夫，七分紧，三分松。又有谓心血能生神，武火也；肾精能生气，文火也。又有以立基之功计之，谓前七十日武火，后三十日文火。

按：此解不确。若以某家门派以百日筑基定下前七十日武火，后三十日文火的调神趋向，这是大致以人入门的客观情况而言。而三分文火、七分武火，只能当做初级特定炼功层次和阶段的一种特定方法，而文火、武火之分，只能见前“炉火”按语之解释，方不致误。

外 鼎 炉

首腹。

内 鼎 炉

泥丸，丹田。

按：泥丸为鼎，下丹田为炉。

内鼎外鼎

内鼎者，丹田之气；外鼎者，丹田之形。又有谓气为外鼎，神为内鼎者。古仙云：“前对脐轮后对肾，中间有个真金鼎”是也。

按：原著以头为鼎，以腹为炉称外鼎炉，大错特错也。外者，指身外也，一种指天地自然，还有专门指异性者，此以清修与双修之不同而分别论之。

前 三 关

泥丸、重楼、黄庭。

按：泥丸为上丹田，重楼为喉管，黄庭即中黄庭，为中丹田也。

后 三 关

尾闾、夹脊、玉枕。

按：看针灸图可明也。

上鹊桥

印堂内面通鼻孔之处。

按：以舌尖微卷抵上腭处为搭上鹊桥，此处连通任督二脉，比喻牛郎织女相会，故名鹊桥。

下鹊桥

魄门之尽处。

按：此解上下鹊桥仅为某家一种说法。诸家丹经说法不一，有将百会名为上鹊桥，喻阳升而与阴会；将泥丸以降，阴阳相合，喻为下鹊桥。也有以会阴穴与尾闾穴联通任督而处下传名为下鹊桥者。最为形象的说法当指舌头，舌抵上腭，沟通任督二脉，使阴阳相交，如同牛郎织女在银河相遇，此为鹊桥也。舌尖为上鹊桥，舌根为下鹊桥。

天河、玄关沟、关渡

皆气道总名。以其药不易行，故喻之，其实是身中生成之道路耳。

按：此解不甚明，以其义实指督脉。

二　渡

上下鹊桥之总名。以其俱属漏地也。

按：原文的意思是说，上下鹊挢如果没有搭上，那么这上下两处就是泄漏元气的地方。其实二渡只是指上下鹊桥的位置与重要性。

统言三关

是以炼精化气为初关，炼气化神为中关，炼神还虚为上关。

按：此按练功层次而言，固为一说。三关之说也有多种，《黄庭内景经》指口、鼻、手；《金丹大成集》指玉枕、夹脊、尾闾；《淮南子·主术训》指耳、目、口；又有指脐下关元，又有指精关、气关、神关；又有指明堂、洞房、丹田；又有指天关、地关、人关，为肾、心、神；又有指头、足、手者。总之，三关之说一有各家之言，二要视情而论。

三关三候

是以得药为第一关，炼己为第一候；还丹为一关，温养为一候；脱胎为一关，乳哺为一候。（此）以法身之法度而言之，非以色身之道路言之也。

按：法身指无形之精气神也，色身指有形之肉体也。

玄　　牝

人身中生成道路有一窍，无以名之，强名之曰玄牝之门，乃逐日生气根，百脉聚会之源，阴阳交媾之所，药火发生之地。此窍一开，百脉皆开；此窍一闭，百脉皆闭，丹道自始至终不可稍离。因字样过多，减而名之曰玄门、玄窍，以其有动有静，故分别有内有外。气机未动之时名曰外玄关，气机既动之后名曰内玄关。其言玄关，专指气机初动而言；其言玄牝，乃心息相依、神气混合、气机之将动而言，其实即一处也。不过于动静之间，变出许多名色，分出若干作用耳。又，玄，类黄，属土，在中牝为母，善养能育，曰玄牝者，谓其为结铅生汞之处也，实即任督之会也。

按：玄牝者，阴阳交媾，静极初动之象。玄关者，又名玄门或玄牝之门，指得玄牝之象所要开启的机关。后者像装宝物的锁，前者则像宝物。两者并非完全一样。然而，玄关与玄牝，在练功的各个层次中均各有所指。例如，初级入门，它可指某些实在可利用导引意守部位，但当进入深层次，它就只是一种神气状态与境界，而且这种状态与境界是步步深入，直至达到大圆通、大光明，与道合一。就像今天发射宇宙探测飞行器，火箭发射基地有实在地点，而飞行器进入太空，越过各行星，飞出太阳系，那就是不同境界了。此也勉强比喻而已。

铅　　汞

精之精也。又，精之结也。先天之铅，真阴真阳，后天之铅，精髓津液生于性。医或之曰肾津液之精，即精髓之精，气血之精，阴阳之精也。生于情俗，通谓之精。

〔原按〕铅为金之精，汞为水之精，以鼻属土之鼻息调之。土能生精金之铅，铅能生精水之汞，而其中有气运之，则木火自动，又不相克，五行真得相生之理。配之八卦，亦各安方位。去坎中真阳，填离中真阴，自然坎离交而阴阳合矣。

按：原解、原按终甚不明。铅汞是内丹术借外丹烧炼之有形药物而借喻。铅，指先天元精元气，汞，指先天元神，皆是无形之物。此言真铅真汞，真阴真阳。然以后天言，铅可泛指身中一切精津髓液，汞指性情、识神。后天铅汞相投，方有先天铅汞始生；先天铅汞相投，乃称大药矣。

龙　虎

龙，精；虎，气。又有谓：龙，汞；虎，铅。又有谓：龙，心中之神也；虎，肾中之气也。以神之性属龙，气之用如虎也。

按：龙，有游动之象，且隐显不定，此比喻人之性，性动易耗神，耗神即耗气，又比喻易飞化的汞；虎，有凶猛之象，易伤害于人，此比喻人之情，情动易失精气，也如沉重的铅由下位流失。故内丹修炼，性情不动谓之降龙伏虎，神气相抱谓之龙虎交媾，变龙虎为害为有益。

长生果

精之津液，津液之精。

按：此指功态下口中所生津液，乃身中精气所生，吞服丹田可养生，故名长生果。

丹

先天丹为神，后天丹为精。先天丹，魂之气所结而成也；后天丹，铅汞所结而成也。

按：此解中，先天丹为神之神为元神，铅汞为后天神气相合之象也。

脱换有二等

先脱胎换骨，后脱壳换相。

按：先脱胎换骨，即易筋洗髓，将后天衰弱之身心改造返归为坚定之先天身心，然后脱壳换相，即脱去色相，换为法相，也就是将常态的肉身锻炼升华为超原质生命体。

清虚有二境

先清明虚空，后清轻虚灵。

按：前指色身经调节后之清明虚空的内景感受，后指超原质生命体即法身之存在现象，聚则成形，散则化气，与道同体。

乾　　坤

阴阳也。又，乾首坤腹也。

按：乾坤是阴阳的总概括。具体万事万物，处处可以乾坤作比也。如天为乾，地为坤；男为乾，女为坤；头为乾，腹为坤等。

先后天

先天谓有身以前，后天谓有身以后。又，身中无形而虚灵者为先天，身中有形而知觉者为后天。总之，先天在无极处，后天在元始太极时。举凡先天之先，后天之后，先天之后，后天之先，先天中有后天，后天中有先天；由先天而后天，由后天而先天，先天非先天，先天即后天；后天非后天，后天即先天等语，皆本此推之。

按：此解较为辩证，是理也。然而太极之时并非为后天，太极是处在先天与后天、无极与有极、阴与阳的临界点上，此又不当不辨。

内外交修、性命双修

皆指身心并养言。

按：所谓内者，精气神也；所谓外者，筋骨皮也。所谓性者，心性也，精神也；命者，肉体也。

真子时

天骨开张之时。又，心肾相交之会也。

按：真子时又可称正子时、活子时，即玄关开、一阳生之景象。所谓天骨开张之时，即阳神出壳之时，是另一种意义的真子时也。

真冬至

一阳发生之时。又，百脉来复之初也。

按：此为心神、身息俱静，一阳蕴藏于内，待机而发之象，不是一阳“发生”之时。此时一阳尚体小力弱，《易》称“潜龙勿用”，如何能称“发生”？故原解为外行之言也。

刻漏

谓呼吸。以呼吸之调，如定刻之铜壶滴漏，点点不差，不疾不徐也。

按：刻漏，是古代计时器。此用以比喻顺乎自然的呼吸。

小周天

谓一呼一吸，行遍周身。如常人过一月之久，行一小周天。然又谓默运十二时后之名。

按：此解中呼吸指内气之升降，周流于任督二脉，一时行一个循环当为一度小周天，十二时行十二次循环当为十二度小周天。所以小周天的循环是以实效为计为证的，并不以时间来计算。到小周天彻底通彻之后，才可能一呼一吸，行遍周身。不知此情况则大谬也。

大周天

谓行功一次，遍及周身三百六十五度息，如常人过一年之久行一大周天。然古仙所称五百年、一千年、三千年、一万年、一万八千年、十二万年等语，皆本此推之。

按：一般来说，大周天指人身奇经八脉、十二经络皆通，内气无微不至之功夫境界。深层而言，可指虚空圆明境界。古仙言千年、万年，是指大周天的完成要经过无数小周天的锻炼，和无数大周天境界的积累，时间、过程都较漫长而艰难，是比喻而非实际。

易卦取譬

多本《易汉学》名义之意。

按：原解不知所云为何，以我之见，易卦取譬，是说易卦是可用来比喻说明万事万物的，例如内丹修炼的过程也可以拿易卦进行譬喻。

支干所属

甲乙寅卯木，丙丁巳午火，庚申辛酉金，壬癸亥子水，辰戌丑未戊己土。

按：支干即天干和地支，天干为十数：甲乙丙丁戊己庚辛壬癸；地支为十二数：子丑寅卯辰巳午未申酉戌亥。天干和地支可以和五行（金木水火土）相配，即名干支所属，如原解所列。

五行相生

金生水，水生木，木生火，火生土，土生金。

按：五行相生就是某一行对某一行有利益作用，也好像母子关系，母生子又养育子。

五行相克

金克木，木克土，木生火，水克火，火克金。

按：五行相克就是某一行对某一行有制约降伏作用，如水可以克火。

十干十二支取义

多取属五行。惟子多指一阳发生之时，午多指一阴初生之时，卯多指六阳时中，酉指六阴时中。亦有指子午卯酉行功者。阅时宜细思文义。

按：在内丹术中，十天干和十二地支不但可以匹配五行五脏，来认识和运用它们的相生相克作用，也可以和一日一月一年的时间相匹配，更可以按照元气在任督二脉升降运行的路线来匹配取义，总的来说都是为了说明事物发生经过中的道理。

精气神分先后天

贯注遍体后天精，生发无穷先天精。吐纳呼吸后天气，运转循环先天气。知觉智慧后天神，清虚性灵先天神。

按：补充说明：后天精者，目中之泪，鼻中之涕，口中之涎，脉中之血，骨中之髓，交感之精液（妇人之乳汁、经血），皮毛之汗皆是。

炼　丹

修炼之家所以借丹比喻者，以炼丹之法与修道同。炼丹下有炉，上有鼎，中有药，加以文武火候、药物、气水，即能上升下降，然未有不借铅生汞，借汞结丹者。案其中清浊升降、阴阳配合，大有生成造化之理。故修士炼形、炼精、炼气、炼神，皆取譬于此，非炼有形之丹而服之也。有形之丹，可以治病，可以助力，而万不能脱胎换骨、伐毛洗髓、导引性真、入定出定。一身以外无金丹，其诚然欤。

按：外丹烧炼古有“地元金丹”之说，稽之道典和前人之说，以服地元金丹而冲举飞升者大有人在。然外丹一道，也有正门旁门，古人误炼误服耗资殒命者多矣。即使正门之法，烧炼之艰巨，火候之严谨，耗资之巨大，也是一般人极难承受，故用者行者少而又少，言其谬误，恐是一叶障目之见。内丹术全借自身之神气，无须外物加身，实是最简便最易行的一种方法，故倡导内丹术实是高明之举。今世之人，倘能行内丹术之筑基之功于己身，也可谓成圣成真了，故辨外丹之正谬似乎无什用处。然而，此是历史，必当客观评价，不能想当然或以无知为知。

炼　　己

炼己之己，非谓戊己之己，乃自己之己。修炼之士用自己药火炼自己先后天所有之真情、真气、真神，以还其本来之己，故曰炼己。

按：简而言之，炼化后天假己，获得先天真己。

沐　　浴

非专为涤面澡身之类。如调息每至六阴六阳时中，即是沐浴身体、沐浴药物、沐浴性灵之时，不啻十二时当卯酉之时正常人涤面澡身之时也，故取譬沐浴。总之，运是助沐浴之功，定是神（注：此指神变化）沐浴之用。然涤面澡身，修炼家勤宜密，以除尘垢外浊。

按：内丹术之沐浴含温养调节之义。督脉进阳火，若火盛，则有烧灼之患。此如人于六月天气，炎热无比，当行沐浴而降温。沐浴者，休闲放松一刻。任脉退阴符，若水过沉，则有阴冷之虞。此如人于寒冬腊月，冷颤无比，当行沐浴而保温。卯沐浴重在勿助，酉沐浴重在勿忘。

温　　养

在沐浴后坐定时，行功至此，自能通慧，知当如何温养，不待作为。然其温养之法，不外呼吸。特调息之间，贵温习不已，绵延不绝，若有若无，入定出定耳。

退阴符进阳符

退阴符者，谓不使相火（注：相火即识神）妄动，以阴气为用，由阴器走泄。进阳符者，谓必使君火温养，以阳神做主，运元阳来复。

按：此应作“进阳符退阴符”。阳符即阳火，精化之气，以真意导引沿督脉上升与泥丸元神会合，此称进阳火；阴符即阴水，神气化合之灵液，以真意任之沿任脉下降，养于中宫，返于丹田。进主动，退主静，原解不甚阴了，特别“以阴气为用，由阴器走泄”恐将致人于误，故当纠正也。

三　　光

谓眼、口、鼻也。

按：古云：天有三光日月星，人有三光眼口鼻。《黄庭外景经·石和阳注》专指目。

三　田

脑为上田，心为中田，海为下田。

按：正确的说法：脑中泥丸为上田，心位膻中为中田，腹下气海为下田。田，即丹田。海，气海也。

子　室

丹田。

按：子即子时，一阳来复之时。因丹田为一阳来复之地，故称子室。

赤　龙

舌。

按：舌因红色，又有游动之状，加之在导引吞津过程中有莫大作用，故喻赤龙。

白金黄金

旌阳真君云：先以白金为鼎器。以气言，言炼气为化神之用。古以黑铅喻肾，肾中发生真气，取之，故曰取白金。有此白金之元气，是得长生超劫运之根本。故曰先取为鼎器，以安元神也。又有曰：分明内鼎是黄金。白金内有戊土之黄色，故亦称为黄金，与上喻同。要之，言白言黄者，皆言肾中所还之气也。

昆　仑

首。

按：居于身之最高处，如同山之最高者，即指头。

醍　醐

未采时是精生之津，方炼时是津逼之精，灌溉后是精结之精。

按：醍醐，美酒也。此比喻精气运行周身时如痴如醉之感受。

橐　籥

炼丹之妙法，即升降之消息。古人喻巽风，又喻以橐籥，是即往来之呼吸也。

按：橐籥，古之皮制之风箱，以此喻呼吸。

中　宫

炼丹之所，天心居焉。人若晓中宫之消息，则丹自成。中非中外之中，乃玄关消息之中，包罗者广。

按：此解正确，此中宫乃是一种无方无所、无边无际之圆空，修道者可感受而不可形容。

刀　圭

两土相结，因名曰圭。其中有守定规矩，制伏丹砂真气之气，还入五内，故曰刀圭。

按：刀圭原指古代最精确也极小的计量单位。此借它的均衡性、准确性、公平性，以及两个土的造字法来比喻元气、元神，或神气统一后的阳神。如，元气生自坎（肾）中，戊土为阴中真阳，己土为阳中真阴，真阴真阳合，则为刀圭。

姹　女

自已阴汞之精，灵而最神。案《六书统》：姹奼古通。《参同契》：河上奼女，得火则飞。谓奼女，丹汞也。

按：奼女，指心神，心为离卦，中含一阴，离为火，即火中真阴。肾中气为坎阳，阳为郎；心中气为离阴，阴为女。

黄　芽

先天真一铅气，炼此为基，汞自不逸，此阴阳配合所使。若黄婆，则中央戊己土，化为脾中涎是。

按：实指真阴真阳交合后，所初步产生的丹药（即纯阳一气）景象，如药苗初萌，名曰黄芽。

符　候

符者，信也；候者，时也。一年七十二候，攒簇于一日一时之内。一月有六候，一候有三符。善调匀者，止用一符之速，半个时辰，即是一阳来复之候。故曰符候。

按：符候，总的来说，是指自然界一年中由阳始生、兴旺、消退、归藏的一个周期。符，指阳的信息；候，指阳阶段性深化现象。内丹术中，修炼者得理得法，经过漫长修炼，经络俱通，可在一时一刻中完成周天循环，就如自然界完成一年或一月的周期循环。

泥　丸

脑髓正中，其软如泥，其坚如丸。

按：泥丸，脑中藏神之所，正中之位。

神　庭

即顶门，俗谓命心。

按：即眉上近发际之天庭。

重　楼

咽下至两乳上是。

按：也称十二重楼，指喉咙管。

绛　宫

两乳中间。

按：指心位。

黄　庭

当心之际，非心之中，所谓无形之心是也。

按：黄庭、丹田，古丹经均分为上中下，后一般习惯，黄庭即指中黄庭，即中丹田；丹田即指下丹田。黄庭与绛宫同义，均指心。但它不是实指心脏，而指心境状态，但与心脏部位有关，亦即中丹田。丹经指关窍，总在非实非虚部位。其奥秘体悟自得。

气　穴

黄庭下、脐轮上皆是，一名气海。

按：气穴多指下丹田，也有指肾。气海，一指膻中即黄庭部位为上气海，一指下丹田为下气海。按练功过程而言，初步凝神调息，气生下丹田；周天升降时，气温养在上气海，终又归在下气海。

丹　田

脐轮下端对命门处。

按：即下丹田，一般的说法在脐下一寸三分之处，或言在脐下，命门前后七前三之处。

尾　闾

尾蛆骨上窝，宛宛如闾处。

按：俗称尾巴根处即是。

夹　脊

尾闾上端。

按：应为命门上端。

两　肾

夹脊上端。

按：原解误（或为印刷误），应在夹脊下端，命门两侧。

双　关

由两肾中直上至肩脊第一椎皆是。

命　门

两肾中间。

精　门

两肾侧边软处即是。

按：可以理解为连接睾丸的输精管。

玉　枕

即枕骨。

天　柱

玉枕下肩脊第一椎上是。

黄　河

取其发源昆仑水，自天上来也。

按：指脊髓，内气逆升之路。

金乌、玉兔

金乌者，日中之象，谓真阳也；玉兔者，月中之象，谓真阴也。与丹经所谓身中日月、眼中日月不同。

性、命、真、灵

皆谓神也。

按：此虽言神，也可言气，因体用而分。性，体为神，用之则显命；灵，体为神，用之则显真。

魂、魄

魂，性也；魄，身也。

按：魂，精神体的概括；魄，肉体物质的概括。

三　昧

精气神。又谓一即有二，遂致于三，言三即昧在其中。佛法有游戏三昧，又有三昧神通禅。

按：三昧为佛教用语。义为：定、正受、等持。是保持纯洁心境，与道合一，道教借指精气神。

三　宝

佛、法、僧。佛即神，法即气，僧即精也。

佛门之降魔杵，道门之斩妖剑

皆谓调息定心之法，逐邪荡秽之方也。

按：指不为外物、外念所感，坚定不动摇的正心正念。

右列丹经譬喻名目，皆本师承口授，而切指之，实录之，非出臆度以自欺欺人也。同道进能细心贴体，互相印证，不使左道旁门迷乱耳目，庶几大道明而大功有成。

按：用心实是良苦，但恐师之口授未假，记之则有小误，以致某些地方不明，不真。

注：此篇为原著《易筋洗髓大全注解》的部分内容，皆以原文加按，今有所修改。

己身内外安炉立鼎

即将在外的肉体视为炉，将在内的丹田视为鼎。炉为置鼎发火烧炼之器用，鼎为炼丹之器用。

一身内外安炉立鼎

此“内外”有多方面含义。例如，身为小天地，身外为大天地，以小效大，以内合外，此其一也。内者我神，保神者我精，生精者乃天地之气，此又内外也。敛神，保精，天地之气自然由外入内，此其二也。内者，我身之主也，外者，自然之主也。我身之主合天地之主，即外为主内为宾，此其三也。依人身呼吸而言，外者口鼻呼吸也，内者胎息呼吸也，口鼻呼吸为凡息，胎息呼吸为真息，去凡息见真息，此其四也。

外药入腹

外药即天地之元气，以天地真元之气来入我身之丹田，此为外药入腹。

炼己持心

炼己，谓炼去后天污浊私心，炼出先天明净公心；持心，谓保持先天明净之心。

秘 密 处

指无人无我的虚空境界。

明理见性

明理，理即自然运动规律与法则，不离一阴一阳。明理不仅指理论上豁然穷通，这里主要指身心中自然运动反映出的规律与法则，自己能通悟明了。儒家认为，理即太极。太极的演示即天性的自然演示，能明理即见性。

攒簇口诀

即将性命相合的要领秘诀一齐运用。

攒簇发火

炼己纯熟，天心现，天理运，天性出；神系息，息连神，凝注丹田，即为攒簇发火。攒簇者，意念归一，守此状态不使走失；发火者，神息相系一意维持也。

曲江之上

江，谓炼肾精之水化气的丹田。曲江，谓气逆行之路径，可视为任督二脉。曲江之上，乃由前二义发展为一个身心空明的内环境。在这个内环境中，丹田气不断发生，如同碧波荡漾的江水，而上丹田虚室生白，如同月华普照，使整个状态如同江月相映，明净空浩。吕纯阳《沁园春丹词》有“曲江上见，月华莹净”句。元瑜琰注《翠虚篇》云：“西南路上月华明，大药还从此处生。记得古人诗一句，曲江之上鹊桥横。”此“西南”即坤腹，“西南路上”即由督脉之逆升一线。古人也有将“曲江”指为小肠或口鼻者，大约皆为此内环境的局部反应。

刀圭入口

刀圭，即戊已二土之合称，已土为自家真意灵知，戊土为外来元神灵觉。真意不动，元神来合，是谓刀圭入口。刀圭又为古医家最小单位的量药器具，十分精确，比喻真意与元神相合，一分不多，一分不少，恰到好处。

外 水 银

外界有形的水银，晶莹透明。

住世留形

保留有形的肉体长生于世。

炼神还虚

浅层次为一种身心感受的境界，高层次则为炼化肉体，成为气化体的超人生命，即仙。

三昧真火

佛教用语，指由定而引发出的潜在能量。道经认为三昧真火为君火、臣火、民火。君火即心火，臣火即肾火，民火即膀胱火。

五眼六通

佛教用语，五眼指五智，即法界体性智、大圆镜智、平等性智、妙观察智、成就作智。相当于道门所谓圆通大智慧。六通即六神通：神足通、天眼通、天耳通、他心通、宿命通、漏尽通，泛指具有超常人的特异功能。

四维上下

即东南西北四方和上下，又称六天，义指整个宇宙。

三十三天

佛教用语。《大智度论》卷九：“须弥山高八万四千由旬，上有三十三天城。”此泛指地球以外的整个宇宙空间。

九极万泰

九极，即中央与周围八方；万泰，即自然存在的万物。总义指整个大地。

四　大

佛教名词，指地、水、火、风。此指构成现象世界的基本物质。

法界火坑

法界，佛教用语。“法”指自然的演化；“界”指自然演化出的不同事物分类，如“三界”、“十八界”，总之属于现象世界。因现象世界其物质存在形式没有永恒性，且不断变化，故称为虚幻。人属于现象世界的生命形式之一，也是虚幻的，要在六道中不断轮回，其经历是很痛苦的，好比火坑。此比喻进入法界就好像跳入火坑。

天地七宝

此“天地”喻人身小天地合于宇宙大天地之圆融天地。“七宝”，佛教用语，指凡间七种珍贵的物质。《法华经》以金、银、琉璃、砗磲、玛瑙、珍珠、玫瑰为七宝，《无量寿经》、《大智度论》、《般若经》则与上大同小异。此喻人身内外天地相合之后最美善的先天境界。

四大形山

佛教以“地、水、火、风”为“四大”，认为是构成现象世界的基本元素。此喻人体是由物质元素构成的形山。

三　　清

道教传说元始天王所化三法身：玉清元始天尊，上清灵宝天尊，太清道德天尊。又称三清境、三天。此实喻宇宙元始一气所化元精、元气、元神，因其有质无形，纯之又纯，故称三清。

玉　皇

道教信奉之天帝，又称玉皇大帝。此实喻天地自然冥冥的主宰者。

黍　米

为黍子所结之实。黍子为生长于北方的旱作物，类似高粱但低矮。黍米为小红色颗粒，坚硬，有光泽，很像古医家所制之丹药。丹家以此比喻先天一点虚灵元气。

黄白之术

即烧炼金银之术。黄指金，白指银。

母遏气

“母”即玉液之丹，称丹母；“遏”为召摄拦留之义；“气”即先天混元之气，即外丹。玉液丹为内丹，为母；宇宙混元之气为外丹，为子，有母可召子，故谓母遏气。

黄　芽

以铅汞外丹而言，乃铅水于土鼎中凝炼产生出的芽状之物，以之再炼可成黄金。以内丹而言，此指在真意统御的虚静态下发生的先天一动，即肾中真元之气发生，好比初春大地中发出植物的嫩黄之芽，故名。

白　雪

在铅汞外丹烧炼中，指鼎盖内所凝汞化之粉白霜状物。在内丹术中，指真意内守，双目微闭，虚静状态下，由双目慧光内聚普照整个身心的白光，术语称虚室生白。

龙女献一宝珠

龙者，在卦为震，坤阴下生一阳，如同春雷初动，此为真阳之气。女者，兑卦之象，乾阳上生一阴，如同夏伏生凉，此为真阴之液。真阳真阴合，即得先天之大丹，故称龙女献一宝珠。又，龙属东方甲乙木，为性；木能生火，火居南方丙丁之位，离卦，外阳内阴，阳为火，阴为液，喻指心中之灵液。“龙女”合言之为天性真意。天性真意现，为龙女；先天一气生，为宝珠，故为“龙女献一宝珠”。

亥子之交

十二地支为：子丑寅卯辰巳午未申酉戌亥。它可以用以表示年月日时里阴阳运化的周期规律。从子到午，表示阳气渐长，由微而着；从未到亥，表示阳消阴长，由淡而重。亥为阴极之时，子为一阳初动之时。亥为静极，子为静极复动，一阳萌发。

剥复之间

剥，六十四卦之一，艮上坤下，表示阴盛阳衰。在丹道中比喻人在后天，阳气渐衰，徒具阴浊之体，生命面临危机的状况。复，六十四卦之一，坤上震下，表示阴尽阳生。在丹道中比喻后天返回先天的最初阶段。剥复与亥子也有相同之义。

太阳初动

即真阳初动。表现为真定真静状态下的真阳元气内动。

月　窟

上丹田之异名，神光洞明之地，好像月亮所处高空而普照大地山河。

天　根

下丹田之异名，玄牝开合之户。天为阳，元阳发生之地即名天根。

回风混合

胎息之状态。此时口鼻呼吸断绝，内呼吸圆通无碍。

庚　方

即西方。十天干分五行、五方：甲乙木，东方；丙丁火，南方；戊己土，中宫；庚辛金，西方；壬癸水，北方。

卯　时

约上午 5 ~ 7 时，古人将一昼夜分为十二时，并用“子丑寅卯辰巳午未申酉戌亥”十二地支来表示。“子”为午夜到凌晨的临界点，约为午夜 11 时到凌晨 1 时，每一地支相当于 2 小时。以子起类推。

“姹女”“金公”

真意“戊己”的外沿是性情。性如扬花，情似流水，此两者易失不易保。性如扬花，一怀风流，故名“姹女”；情似流水，一腔激情，故名“金公”。以脏器归属，性根于肝，而出于心；情根于肺，而动于肾。故人性欲生时，上动于心，下激于肾。丹家以物状象，将此两者又称为“汞”、“铅”，“青龙”、“白虎”，导致了理论表述的错杂混乱。这也是内丹理论今后将应作全面整理，使之科学规范而面临的课题。

“无孔笛”

指胎息。后天呼吸借助鼻孔，好似笛之有孔发音，先天呼吸已无须借助鼻孔，全由丹田运荡，故名“无孔笛”。

“没弦琴”

指中和之气。人后天口鼻呼吸，一阴一阳，一出一入，一呼一吸，如同木匠拉锯，各趋偏极，闻之有声，好似有弦之琴。而在胎息状态下，气无阴阳偏极之象，一派中和圆融之态，得妙不可言之乐，故称“没弦琴”。

女　鼎

房中采战术以少女作为炼内丹的鼎器，采阴以补阳，故称女鼎。

金丹大药

指神气合一的凝聚状态。

御女采阴

指房中性交养生术。男子在与女子性交时，采吸女子阴气以补身中之阳。此房中方术甚多。

服炼三黄

三黄，即外丹黄白术常用的黄色石药：雄黄、雌黄、硫黄。这里泛指药石外丹。

烧饵八石

八石，即外丹烧炼术常用的八种药石。不同的外丹方采用的“八石”各有不同，如《太古土兑经·序》指“朱、汞、硼、硇、硝、盐、矾、胆”；《孙真人丹经》指“曾青、空青、石胆、砒霜、硇砂、白盐、白矾、牙硝”。这里亦泛指药石外丹。

按摩导引

指注重于肉体锻炼的各种动功，有的偏重于局部锻炼，有的是整体锻炼。

吐纳呵嘘

指注重于运用口鼻呼吸气息之出入、频率和发声调节五脏六腑的各种功法。

阴　骘

阴，即暗默；骘，即静定之明德。意思为默默地施德。《书·洪范》："惟天阴骘下民。"

玄　教

老子《道德经》称"道"是"玄之又玄，众妙之门"。故"玄"为"道"之代名词。所以古人将宣扬大道真理的教化组织为之玄教，后来就将道教称之为玄教。

三　候

内丹家将功态下先天元气由初发、微弱到壮旺的三个阶段发展情况称为三候，即初候、二候、三候。候即消息的意思。

二　关

此不知所指为何。依我领会，多有泛指之义。如上凝神、下闭精可称二关；入玄牝之门、丹药产生可称二关；子进阳火、午退阴符可称二关；内阴阳相合为初关，人之阴阳与天之阳相合为二关。故不可著文字相。

九　琴

九者阳也，琴者和也。九琴喻极阳极和之身心之境。

九　剑

九者阳也，剑者气也。九剑喻盛阳之气。合上“九琴九剑”，即谓纯阳中和之气，得大丹之象。

药　　材

概括讲，有先天后天两般药材。以后天讲，指凡神、凡气、凡精；以先天讲，指元神、元气、元精。后天之凡为矿材，先天之元为真药材。又可以神、气或精、神喻之。内丹常借外丹汞铅比喻。

法　　器

法即方法要领，器即肉体之身。以己之肉身施修炼之功，故肉身称法器，而成道后的肉身则称为法身。内养家也有将进行肉体易筋锻炼而特制的器具如木槌、石袋等称为法器者。总之，这里不是指宗教科仪所用之法器。

火　　候

指周天运转过程中所应把握的神与息的调节手段及幅度。有文、武、沐浴、封固之不同。

符　　章

指对真消息处理之章法，亦即火候之辅说。

天　　仙

古人论仙的品阶，有三等、五等、十等之不同说法，而天仙则为最上等。

金丹外药

有多种形式与来源。但总的来说，即不属于自己意念统御的，且在意念消除后身心双重迭合的静态下产生萌动的先天之气。外药也泛指由神动而引起的后天之精，后天之气。《净明宗教录》云：“外药即交感之精，呼吸之气，思虑之神。”《天仙正理直讲》概括说：“以初之发生，总出于身外，而遂曰外药。若不曰外，则人不知采之于外，而还于内，将何以还丹?”从功夫的深层次上讲，金丹外药特指小周天功夫坎离中真阴真阳交媾凝结后，进一步所采外来元气。

金丹内药

与金丹外药意思相对。明伍冲虚《丹道九篇·七日采大药天机》：“阳光三现之时，纯阳真气已凝聚于鼎中，但隐而不出耳。必用七日采工，始见鼎中火珠成象。只内动内生，不复外出，故名真铅内药，又名金液还丹，又名金丹大药。异名虽多，只一真阳，即七日来复之义也。”

一　阳

即丹田最初萌发的先天元气。因其由肾精炼化而得，以后天卦象比作坎中一阳，以先天卦象比作乾卦六爻之初爻。

真　铅

即肾精中所含先天元气，也指凡阴中真阳，此借外丹烧炼药物而喻。发生特征为浑身稣麻绵美，生殖器出现勃发或有特别的舒美之感。

癸　水

即凡精。与癸水相应为壬水，为元精。壬水元精为阳，癸水凡精为阴。阴可生阳，若此阳生不加及时采炼，复化为后天凡阴。

昆　仑

即头。以其居于人体最高部位而喻名。也有以上丹田而言，不在此义。

玄　门

此指上丹田泥丸宫，藏神之所。炼精所化之真元之气沿督脉逆升，至泥丸，与神相合，起沐神、养神、化神之功。

橐　　籥

古代以皮革所制的鼓风器，其功用形似人之呼吸，一出一入，故内丹术以之比喻先后天呼吸之息。本句“真气”，即指先天真息，也即胎息。

金液还丹

金指先天元气。因先天元气为化生万物之本，永远不坏，故以金比喻。金液本为炼之又炼之纯金，极软，此喻炼之又炼所得最纯之先天元气。还丹者，得其先天元气圆满也。金液还丹常又被称为七返九还。此乃以术数言五行，七为火数，九为金数，以火炼金，火足金纯，故言七返九还。

定息二乘之法

《中和集·上三品》列有上品之中法，曰：“闭息行气，屈伸导引，摩肾腰，守印堂，运双睛，摇夹脊，守脐轮，或以双睛为日月，或以眉间为玄关，或叩齿为天门，或想元神从顶门出入，或梦游仙境，或默朝上帝，或以昏沉为入定，或数息为火候，或想心肾黑白二气相交为既济，乃上品之中也。”此似与张三丰所指二乘近。定息亦即闭息。古丹家有初乘、二乘、上乘与小乘、中乘、大乘的各种不同分法。我尚未细辨张三丰以何分乘，故此不敢妄断。

己

指心中之神。

彼

指真阳元气。在身中产自肾精，在同类产自女鼎，在身外来自太虚。

防危守城

指一志不分专注持守的正念作用。城，指心境。保持专注持守的正念之心，不使识神动摇清明纯静气化之境，即名防危守城。

温养沐浴

即气运周天时，在特定阶段要放松意念进行静养。

脱胎神化之功

指百日筑基后的“十月怀胎”功夫处于将成熟阶段。

金　水

即先天元气的别喻。丹家将所炼之精称为金矿，将精化之气称为金。因此金从水中出，故言金水。

柔　刚

指文武火候。武火指特别专一而强烈之意念，带有后天主观意识成分，并常要配合呼吸；文火指平静之意念，不加主观意识，一切顺乎自然。

采药进火

炼精化气中一个过程的前后两阶段。采药，即真阳之气萌发后真意的平静关注，维持其继续生发，使其壮旺；进火，即真阳壮旺时，真意不散，督导其沿督脉逆升。采药与进火，在后天返先天的功夫层次中，初浅层次可分，高深层次不分。

七情之欲

七情，指喜怒哀乐悲恐惊之感情特征。此泛指人复杂的贪欲之心。

五贼之害

五贼，指眼、耳、口、鼻、心等人的感官知觉与思维。因为人的私欲都是由这些感官知觉和思维所造成，反过来又损害了人的身心，故被称为五贼。“五”是一种大体指向，古人其说大同小异，总是泛指而已。

魂　魄

古人将人的精神与五脏所属归类，即肝藏魂，属木；肺藏魄，属金；心藏神，属火；脾藏意，属土；肾藏精，属水。魂主生命中的性，魄主生命中的命。魂是神之体，魄是精之根。魂魄动，精神耗，魂魄静则精神养。

外　火

指识神（即主观意识）与后天口鼻呼吸之气。

内　符

即胎息状态下先天元气生发的征候、信息。

群　魔

即指各种恶劣成性的邪念杂欲。

汞　火

即真灵之神。

圣　胎

即神与气凝聚之物，也称为丹。人自无而生有，受之于父母，故从母胎生出为凡胎。修炼家以大智慧将后天返归先天，自我造就新的生命起始，故神气凝结称为圣胎。

二候之功

丹家由采炼到运转分“六候”之法，“一候”乃新药始生，因其嫩而不可故不能采，“二候”乃药苗生机盎然，不老不嫩，正当采之，过老采之又不可用，故极重“二候之功”。

鸿　濛

指后天被阻塞不通的身心状况。鸿，即无限的昏暗蒙昧，好比天地未开。

混　沌

即自然先天太虚无极态。

真　息

即与天地合一的无息之息。只有清明氤氲气象，没有鼓荡频率形式。若不明此，抬头观看万里晴空，即知其状。

六　虚

即无上下、前后、左右的一片混沌之虚。

面壁之时

即进入大定大静之时。这时自我意识已完全归于寂灭，处于一任自然造化之中。“面壁”一词，借于禅宗祖师达摩“面壁九年”而来。

形神俱妙

指肉体也已经完全气化，与阳神合为一个统一的气体灵人，散则为气，聚则成形，故为形神俱妙。

气匀而脉住

气，指先天元气。气匀，肉体空虚混同太虚，先天元气匀布无碍。脉住，即体内血脉没有频率特征的流注现象，脉即血液的流注冲动频率，此特指这种频率终止了。

婴　　儿

即修炼而得的阳神初成之状。

一粒黍米

丹家所谓“一粒黍米”，翻译为现代人的用语，可称为“生命的原子”。常人生命里，只有父母交媾时感应天地自然所赋予的一次生命的原子，而这一原子不能由自己主宰，却能由自己耗损而尽。修道人是以主观能动性体察自然，仿效自然，以自体再造第二次生命，自为生命之父母，自己感应天地自然再赋予新的生命原子。这种主动权在自己的行为所获得的生命原子便可由自己主宰，所以能一得永得。这便是丹道修炼的奥妙，也是成道者与常人生命性质的根本区别所在。

“养鄞鄂”

内丹法诀“养鄞鄂”之术语，古之运用甚多，但至今未见有明确解释者。依我推析，此语当沿自战国时的典故。鄞，即越国之称；鄂，乃楚国别名。战国时，越王勾践曾屈辱于吴王夫差，后卧薪尝胆，经二十年默默发奋，养精蓄锐，终使越国强大起来，而战败了吴国。所以，“养鄞鄂”被借用来比喻对元气的蓄养。特备一解，不知切否。